JN174628

青年期における心理的居場所感の構造と機能に関する研究

則定　百合子　著

風　間　書　房

目　次

第Ⅰ部　問題と目的

第Ⅰ部　問題と目的

第1章　問題意識と居場所に関する先行研究の概観

第1節　問題意識

長い歴史の中で，現代という時間は，人類がかつて経験したことがないほど急速に，かつ目まぐるしく文化変容の坩堝の中にあるといわれる（山中，2001）。このような激しい移り変わりの中で，家族の在り方は変容し，情報化社会における人間関係および個の希薄化が問題視されるようになった。ハイテクノロジーがもたらす物質的・感性的豊かさは，遊びを享受する面で快適感をもたらすものの，必ずしも生産や創造としての充実感とは結びつかず，核家族化が進むことで，青少年は幼児的な全能感と無力感の両極を揺れ動くことになる（西平，1990）。また，社会の推移の方向性が予測しがたくなった現代を覆う漠然とした閉塞感は，人間にそこはかとない寂寥感をもたらし，人々が何の疑いもなしに信じてきた人間観や社会への基本的な価値観にも変動を起こし始めている（村瀬，1998）。こうした社会の中では，揺るぎない確固たるものを見出すことが難しく，それ故に人々は目には見えない繋がりや絆といったものを探し求め，確かな自分の存在や位置，精神的な拠り所となるものを確認せずにはいられないのかもしれない。

近年，「心の居場所」「居場所がない」といった言葉が多用されるようになったのも，こうした社会的文脈が背景にあるのではないかと考えられる。価値が多様化している現代では，自分の人生の意味を自分で見出していかなければならない（青木，2005）。しかしながら，それは決してすべての人にとって容易な探求ではなく，在るべきはずの「居場所」が見つからないといった現象が生じるようになる（忠井・本間，2006）。したがって，社会の中に適切な自分の「居場所」を見出すことが，現代を生きる人々にとっての切実な課題となっていると考えられる。

では，「心の居場所」「自分の居場所」と表現されるのは，一体どのようなものなのか。また，それは，なぜ必要なのか。「居場所」という言葉が多用されるようになった今，この概念の意味を的確に把握し，これらの課題への答えを探求していくことが求められている。

第2節　我が国における居場所研究の背景

我が国で「居場所」という概念が注目を集めるようになってきたのは，1980年代以降のことである（岡村，2004；住田・南，2003）。その要因の1つには，いじめや非行の社会問題化と時を同じくして，この頃から不登校児童・生徒の増加が指摘されるようになったことが挙げられる。当時，社会問題となった不登校現象を受け，不登校の子どもたちが安心して居心地よくいられるような場所，自由に活動できるような場所，すなわち不登校の子どもたちの「居場所」を設けようという保護者の運動が起こり，1985年には不登校児童・生徒を対象に，「学校外の学びの場所を作り出し，子どもが自由に通ってくる居場所」として「東京シューレ」が開設された（住田，2003）。また，文部省中学校課（当時）は，1992年，学校不適応対策調査研究協力者会議報告で，「登校拒否はどの子どもにも起こりうるものである」という視点が教育現場に必要であることを指摘し，「登校拒否問題への取組を行うにあたって，学校が児童生徒にとって『心の居場所』（児童生徒が存在感を実感することができ，精神的に安心していることのできる場所）としての役割を果たすことが学校の在り方として求められる」という具体的な取り組みを提示した。これに対し，学校側は，学級の中に身を置きながらも孤独感や疎外感などの不適応感を抱いている児童生徒を支援するための場として，保健室や相談室などの居場所を提供するとともに，学校外では適応指導教室やフリースクールの存在が浸透し，こうした「居場所」に通うことで学校への再適応の道を探るという施策がとられるようになった（沖田，1997）。以降，学校や地域では「子どもの居場所づくり」（文部科学省生涯学習政策局子どもの居場所づくり推進室，2004）と称した様々な自立支援活動，教育相談活動，通学支援活動などが行われている。

こうして広まった「居場所」という概念は，今や子どもの問題を考える際に用いられるばかりではない。近年は，若者の居場所，あるいは居場所探し，といった表現も用いられるようになった。これに関して，住田・南（2003）は，現代の人々が「居場所」を求めるようになったのは，人間関係が希薄化し，自己に共感し，理解を示してくれるような他者を持てないために，他者を通して自己を再確認することができないからではないかと述べ，それ故に今，自己を再確認させ，自己受容感や自己肯定感，自己存在感，安心感といった感覚を実感させるような「居場所」が必要なのだと指摘している。したがって，子どもたちに居場所が必要であるように，同様の境遇に生きる大人たちにとっても，居場所を探求することが切実な課題であるといえる。

第３節　居場所の定義

居場所研究の歴史は浅く，近年ようやく注目され始めたばかりであるが，そもそも居場所とはどのような概念として捉えられてきたのか，その定義について概観しておく必要がある。

広辞苑によれば，「居場所」とは「いるところ。いどころ」（新村，1998）とされる。これは，日常的に用いられている居場所という言葉が，本来は物理的な場所を指す概念であり，現在の用法はそこから派生してきたものであることをうかがわせる。この現在の用法について，小澤（2000）は，その人がある場所に存在することだけでなく，その場所に対する感情や意識，あるいは印象についても暗黙のうちに意味していると指摘する。また，竹森（1999）は，「居る」という言葉には，「くつろぐこと」「家にいること」「平常」などの意味があるとし，居場所という言葉には，人が「居る」ことと，それを受け入れる場との相補的関係性を前提とした「くつろぎ」や「ゆとり」といった意味があるとしている。さらに，自己の存在を他者に認められる空間や人間関係を包含して居場所と捉えるもの（小澤，1998；久田，2000；萩原，2001）も多く，居場所という言葉は，今や物理的な場所のみを指し示すにとどまらず，その場における人の在り方や感情，関係性などを広く含む概念として，物理的側面と心理的側面の両方を併せ持つものと理解されている（中島，2003；中村，1998a，1998b，1999）ことが分かる。

では，各々の研究において，「居場所」の具体的な定義づけはどのようになされてきたのであろうか。まず，北山（1993）は，Winnicott（1965）の流れを受けて，「居場所」を「自分が自分でいるための環境」と定義している。また，萩原（1997）は，この「自分」「私」という観点から，「居場所とは，『私』とひと・もの・こととの相互規定的な意味と価値と方向の生成によってもたらされる『私』という位置である」と論じている。同様に，田中（2001）は，居場所を「他者との関わりの中で自分の位置と将来の方向性を確認できる場」と定義しており，これらの研究において，居場所は人間関係を含む環境の中での自己の位置と関連づけて定義されていることが分かる。さらに，「自分自身でいることが受け入れられていると感じられること」（廣井，2000），「心の拠り所となる物理的空間や対人関係，もしくはありのままの自分で安心していられる時間を包含するメタファー」（村瀬・重松・平田・高堂・青山・小林・伊藤，2000），「自分が自分らしくいることができる場所」（田中，2002a）と定義し，ありのままの自分を受け入れてくれる存在として位置づけているものも見受けられる一方，一人一人の個性が大切にされ，自分の能力が十分に発揮でき，「自己存在感」を得られるような，精神的に安定できる場所（沖田，1997）といったように，単に受け入れられるだけでなく，自分の能力を発揮でき，自己の存在感を感じられるような場として捉える定義もある。

以上のことから示唆されるように，居場所に関する定義は多義的かつ曖昧であり，一定の明確な定義が確立されていないというのが現状である。したがって，居場所研究を進めていく上で，まず，居場所の定義について，より詳細な検討が必要であるといえる。

第4節　居場所に関する臨床的研究と課題

これまで，精神医学，臨床心理学，および臨床社会学の知見から，発達段階における居場所の重要性が指摘され，様々な視点から考察されてきた。例えば，北山（1993）は，移行期としての思春期における「わたしの危機」を考え，「自分がない」ことの代表的な理由として，居場所がない，身の置き場がないといわれる「場」「居場所」の不在と，「中身（空想，想像，知識，記憶など，内面にあるもの）がない」ことを挙げた上で，自分が自分であるためには，外的要因としての居場所と，内的要因としての中身という2つの要因を器用に調整する機能が必要であるとしている。また，青木（1996）は，思春期臨床の視点から，居場所の「影」の側面（親や教師の目が充分には届かない場であること）について論じ，青年から安易に「影」の時と場を奪わないことが重要だと述べ，その理由として，「そのような時と場所が失われると，青年はおとなの全く目の届かない『闇』に，本当に危険な時と場に自分の居場所を求めるようになる」と指摘している。さらに，斉藤（1996）は，アダルトチルドレンの臨床的研究を通して，「安全な居場所のない所で育った子どもは，共依存的な関係性の中に自己を作り上げ，ありのままの自己を見失う」とし，アダルトチルドレンが本来の自分を取り戻すためには，「安全な場所」と，その中での本来の自己感情の表出，グリーフワークが必要であると論じている。これらの先行研究は，「居場所がない」ことが青年にとって危機的な状況であることを示唆するものであり，安全な居場所の存在は，自分が自分であるための欠かせない要素として考えられていることが分かる。一方，村瀬ら（2000）は，居場所を喪失した青年への統合的アプローチを通して，青年の居場所感覚はありのままの存在を受け入れられることを基盤として育つとし，居場所を治療・成長促進的な要因として位置づけている。さらに，居場所を喪失した青年が今一度自らの存在を捉え直し，育ち直っていくために，彼らのペースを尊重しつつ，社会へと開かれていくための様々な資源を備えた居場所が必要であることを指摘している。同様に，石川（2004）は，居場所の喪失に関して，ひきこもりの自助グループを対象とした語りの分析から，ひきこもりにおける居場所には，「自らの経験や思いを共有できる他者との関係性」と「自己を語るための語彙」という２つの意味があることを明らかにした上で，ひきこもりとは，この２つの居場所を喪失した状態として理解できるとしている。

このように，日常場面，臨床場面における居場所の意義には，危機的な状況を乗り越え，健全な自己の発達を支えることや，様々な問題を抱える人に対して提示する治療・成長促進的な心理的援助などが含まれていることが分かる。しかしながら，こうした居場所の重要性が指摘されてきたにも関わらず，概念の用いられ方が曖昧かつ多義的であるために，その有効性については一定の知見を得られておらず，この点で課題が多いといえる。したがって，居場所の定義を明確にした上で，その有効性を実証できれば，今後の臨床活動において，居場所の必要性をさらに積極的に主張していくことができると考えられる。

第５節　居場所に関する実証的研究と課題

臨床的研究に続き，居場所に関する実証的研究は，1990年代後半より盛んになってきた。例えば，中村（1998a，1998b）は，居場所イメージの検討から，居場所の概念が物理的要素と心理・社会的要素で構成されること，居場所の連想語が物理／心理，内的／外的の組合せによって4要素に分類できることを示し，これらの結果をふまえて，居場所感覚は，外的要素（場所・対人面）では馴染みの有無に左右され，内的要素（行為・感情）では「肯定—否定」と結びつきやすいことを明らかにしている（中村，1999）。また，岡村（2004）は，具体的な居場所状況から感じる多様な感覚のうち，安心感という主観的感覚に焦点を当て，「時間」「空間」および「人間」の3つの観点から居場所を検討している。他方，居場所の感覚を，個人と環境の関係を表す概念として捉え，大学生の適応感について検討しているものもある（大久保・青柳，2000，2003）。

こうした実証的居場所研究は，大学生または専門学校生を対象としたものが大半であるが，幅広い年齢層を対象にした居場所研究も存在する。具体的には，小畑・伊藤（2001，2003）が，中学生から大学生までの心の居場所について感情・行動・意味の3側面から考察し，中学生，高校生，大学生ともに，友達を心の居場所として最も重要視していることを明らかにしている。また，田中（2002b）も，中学生から大学生までの居場所感情を調査した結果，居場所にいるときに感じる感情には，安堵感，充実感，否定的感情の3つがあり，中学生から大学生までほぼ同じ構造を持つことを示唆している。

このように，様々な観点からの居場所研究がなされており，居場所を考える上でのアプローチとして，場所，人，行為，感情，時間といった要素が重要視されてきたという点では，多くの先行研究において一致しているようである。また，研究対象としては，青年期後期にあたる大学生や専門学校生が中心であり，その前段階にある中学生や高校生を対象とした希少な研究では，概ねこれらと同様の結果が示されていることが分かる。しかしながら，個々の研究における定義が多様なために，こうした各々の成果が統合されることのないまま蓄積されてきたという点において課題が残されており，今後は一定の定義のもとで研究を蓄積していく必要があると考えられる。また，これまでの臨床的研究から，心理発達における心理的居場所の意義が指摘されてきたにも関わらず，実証的には「居場所」の分類や構造，その中で生起する感情・行動・意味などに焦点を当てたものが多い（小畑・伊藤，2001，2003；杉本・庄治，2006）ことから，心理的居場所と心理発達，あるいは適応との関連についても実証的な検討を積み重ねていく必要がある。

第6節　心理的居場所と心理的居場所感の位置づけ

前述の通り，現在の我が国で用いられている「居場所」という概念は心理的意味合いが強く，こうしたものを包括した「居場所」の意義についての議論がなされてきたが，海外において，これと同義の概念を見出すことは困難である。例えば，Erikson（1959）が用いた適所（niche）という言葉を居場所の同義語としても捉える観点（Ozawa，2005）もあるが，第3節で述べたような意味を包含しているといえるかどうかは議論を要するところである。また，単に「居場所」という言葉だけを取り上げれば，「place」「room」「whereabouts」といった語に訳されるものの，これは身の置き所を指し示すもので，この言葉自体は心理的側面を含まないものである。つまり，我が国で現在使用されているような，心理的側面を含めた意味での「居場所」は，言葉の概念自体がないため，研究が行われていない状態である（杉本・庄司，2006）。

そこで，本書においては，我が国特有の意味を含有する「居場所」という概念の心理的側面に着目し，物理的居場所の有無とは区別して考えることを明示するため，「心理的居場所」という言葉を用いることとする。また，心理的居場所があるという感覚のことを心理的居場所感と定義する。

ここで，この心理的居場所感と類似した概念として挙げられる，愛着（attachment）との関係について述べておきたい。愛着とは，危機的な状況に際して，あるいは潜在的な危機に備えて，特定の対象との近接を求め，これを維持しようとする個体の傾性（Bowlby，1969）であり，特定の対象との間に築く緊密な情緒的結びつき（Bowlby，1988）を意味するものである。心理的居場所感は，この愛着理論における安全基地のような安心感・安全感を有する点においては類似しているといえる。しかしながら，心理的居場所感が個体の存在価値に関わる感情をも有する点，また，愛着のような対象との相互的なものではないという点において，両者には明確な相違があると考えられる。そこで，本書では，愛着とは異なる，この心理的居場所感を取り上げ，検討を行っていくこととする。

第7節　青年期の心的状況と心理的居場所感

これまでの居場所研究の中で，とりわけ青年期は，心理的離乳（psychological weaning）（Hollingworth，1928）という課題に直面し，親からの分離，自立へと向かう子どもから大人への移行期であることから，この時期に居場所を保証することの必要性が強調されてきた（青木，1996；富永・北山，2001；佐治・岡村・加藤・八巻，1995）。本節では，この青年期の心的状況と心理的居場所および心理的居場所感の関係について記述していくこととする。

青年期は，「第2の誕生」（Rousseau，1762；Spranger，1924）と命名されるほど，人生の顕著な転換期にあたる。ライフサイクルの中では児童期から成人期への移行期として位置づけられ，心理的離乳という親からの独立を求める心性や，「もはや子どもではないが，まだ大人ではない」という構造の曖昧な境界性を特徴とする発達期である。心理的離乳に伴う不安や葛藤，あるいは不安定な境界性の中で，子どもから大人への構造転換という困難な発達課題に取り組まねばならないため，青年期はライフサイクルの中でも最も心理的混乱が生じやすい時期とされる（下山，1998）。Lewin（1951）は，子どもともいえず，大人ともいえない，このような青年一般の特徴を捉え，青年を境界人（marginal man）と呼んでいる。境界人であることは，社会の中での居場所が不安定であるということでもある（高木，1998）。こうした社会的位置の不安定な青年の生きる場として，青木（2005）は，①家族とともに過ごす時と場（家族を感じる場），②安心して一人になれる時と場（自分を感じる場），③同年輩の人が安心して集える時と場，を挙げ，青年がこの３つの場を行き来しながら成長していくことを指摘し，その成長がうまくいくためには，この一つ一つが安全で安心できる居場所になる必要があると指摘している。

他方，生越（1977）は，身体的発達と精神的成熟との間のずれをはじめとして，依存と独立，性衝動の高まりと抑圧，内面隠蔽と孤独感，親和への欲求とのみ込まれ不安など，青年期心性の現象がいずれも矛盾と葛藤を秘めたものであることを指摘している。また，富永・北山（2003）は，こうした青年の心的状況を理解する上で，Winniott（1965）の「青年期ドルドラム」という概念を引用している。青年期ドルドラムとは，前進することも後退することもできない，すべてが停止した状況のことを指す。富永・北山（2003）は，「ドルドラム」状況の中にいる時には，すべてが停止しているが故に青年は実在感をもてないでいると述べ，この実在感が居場所と関連しているのではないかと指摘している。すなわち，青年は自分を見失い，空虚で実在感を得られない状況に身を置くことになるが，それ故に，自分が自分らしくいられるような居場所というものを得がたく，いつもどこかで寂しさや虚しさを感じている状況でもあるのだという。こういった意味で，青年期の心的状況は，居場所を希求する心性と深く関連するものであると考えられる。

また，北山（1993）は，青年期の中でも特に，移行期としての思春期には，子どもから大人への変化の過程で急激に居場所が失われることがあると指摘している。つまり，第二次性徴の発現を含め心身ともに多くのものが急激に変化する中で，量的かつ質的に深刻な非連続のために移行に失敗し，「居場所がない」「自分がない」といったことが出現するのだという。例えば，この時期に生じやすい問題として，第２節で述べた不登校という現象が挙げられるが，こうした不登校の子どもは，「何かについていけない」という思いを抱えていることが多く，この感覚が移行期の問題を語っているとされる（北山，1993）。一方，村瀬（1996）によれば，若い青年が，その肯定的な光の部分を発揮できるか，暗さに苦しむようになるかは，彼らの置かれた状況と育ち方に依存するところが大きいという。これは，Winniott（1965）の理論における抱える環境（holding environment），つまり，そこにいる人との関わりによって，不安定な時期を生きる前青年期の若者の生き方が左右されるということでもある。したがって，この時期に体験する，抱える環境としての対人関係が非常に重要であると考えられる。こうした対人関係について，佐治ら（1995）は，心理的離乳の時期に子どもが親に対して心を閉ざすことがあっても，庇護してもらえる自分の居場所としての家庭を心の中に必要としていると指摘している。

以上のことから，成長過程において，とりわけ青年期は居場所を保証されることが重要な時期であると考えられ，居場所研究を行っていく上で，この時期を取り上げることに意味があると考えられる。

第8節　まとめ

本章では，居場所研究の背景と定義の整理を行うとともに，先行研究を概観し，従来の研究における居場所の定義が多義的かつ曖昧であることや，これまでの臨床的研究から得られた知見が実証されていないことなどの課題と，居場所研究において青年期を取り上げる意義を明らかにした。

これらをふまえ，次章では，本書の目的を設定することとする。

第2章　本書の目的と構成

第1節　目的

前章をふまえ，本書では，青年期を対象とした居場所研究を行い，以下の3つの目的を設定した上で，段階的に研究を進めていくこととする。

第1に，青年期の中でもとりわけ，関係性の変化，自我の目覚め，様々な葛藤の出現が著しく，不登校などの諸問題が生じやすい時期にある中学生に焦点を当て，この時期の青年の様相を詳細に検討していくことを目的とする。具体的には，心理的居場所の概念について明らかにするとともに，それに基づいた心理的居場所感の定義づけを行うこと，さらには，中学生の日常生活において，重要な位置を占める学校生活を取り上げ，心理的居場所感および学校適応と精神的健康との関連について検討を行うこととする。

第2に，これらの知見に基づいた上で，青年期全般を見渡すことにより，青年期を通じて適用可能な心理的居場所感尺度を開発し，青年期における心理的居場所感の発達的変化を捉えることを目的とする。具体的には，中学生から大学・専門学校生を対象とした調査を行い，心理的居場所感尺度の作成と，その信頼性・妥当性の検討を行うこととする。さらに，開発した尺度を用いて各学校段階を比較することにより，心理的居場所感の発達的変化を明らかにする。

第3に，第1章で述べた臨床的知見を実証するため，青年期において，心理的居場所感が精神的健康および心理的側面にどのような影響を与えるのか，その機能についての検討を行うことを目的とする。具体的には，精神的健康を悪化させないためにネガティブな心理的側面に対して働く防御機能と，肯定的な影響をもたらすようポジティブな心理的側面に対して働く促進機能の両方向から，心理的居場所感の効果を明らかにしていくこととする。

第2節　構成

本書は，次の3つのまとまりによって構成されている。1つ目は第Ⅰ部の理論的研究，2つ目は第Ⅱ部から第Ⅳ部の実証的研究，3つ目は第Ⅴ部の結語である。以下に，各部の詳細を記述する。

既に述べてきた通り，第Ⅰ部では，第1章で居場所研究の背景と定義の整理，先行研究の概観を行い，居場所研究の課題と青年期を取り上げる意義を明らかにした。これらをふまえ，第2章では，本書の目的と構成を提示する。

第Ⅱ部では，中学生を対象とした基礎的な検討を行うこととする。まず第3章では，中学生における心理的居場所の概念について整理し，心理的居場所感の定義づけを行う。続いて第4章では，第3章の成果に基づき，中学生の心理的居場所感および学校適応と精神的健康との関連を検討する。また，第5章では，心理的居場所感を対人関係の視点から捉え，重要な他者に対する心理的居場所感を取り上げる。さらに，精神的健康の指標として，抑うつ傾向に着目し，両者の関連を検討する。

第Ⅲ部では，第Ⅱ部で得られた成果を基に，対象を青年期全般に広げ，心理的居場所感の構造と発達に関する検討を行うこととする。まず第6章では，心理的居場所感尺度の開発を行う。また，第7章では，重要な他者に対する心理的居場所感の発達的変化を検討する。

第Ⅳ部では，心理的居場所感の機能に関する検討を行うこととする。まず第8章では，心理的居場所感が精神的健康を悪化させないための防御機能としての働きを有するかどうかに関する検討を行う。また，第9章では，心理的居場所感が心理的側面に肯定的な影響をもたらす促進機能としての働きを有するかどうかに関して，心理的側面の１つとしてレジリエンスを取り上げ，心理的居場所感からレジリエンスへ至るプロセスについて検討する。

第Ⅴ部では，第Ⅱ部から第Ⅳ部で得られた結果を総合的に考察し，結論を導く。

第Ⅱ部　心理的居場所感に関する基礎的研究
――中学生における心理的居場所感――

第3章　心理的居場所の概念に関する検討

第1節　心理的居場所の概念に関する検討

目的

本章では，心理的居場所感の定義づけを行うために，中学生の心理的居場所について，「とき」「場所」「感情」「人」「意味」といった観点から考察し，その概念を具体的に検討することを目的とする。

方法

1. 調査対象

兵庫県内の中学1年生122名（男子57名，女子65名）であった。

2. 調査時期

2004年10月下旬に実施した。

3. 調査手続

教育関係者を通じて学校長および担任に依頼し，各学級にて集団で施行する方法をとった。

4. 調査内容

本調査に先駆けて，心理学専攻の大学院生に対し，中村（1999）の研究を参考に，「こころの居場所がある／こころの居場所がない」と感じる「とき」

「場所」「感情」「人」「行為」を問う自由記述を行ったところ,「とき（こころの居場所がある／ないと感じるときはどのようなときか)」と「行為（何をしているときに，こころの居場所がある／ないと感じるか)」の項目に関しては，両者の差異が認められなかったため，これらを同一項目とみなし，質問紙の内容は以下のような構成にした。

①とき：「こころの居場所がある／ない」と感じるときはどのようなときか
②場所：「こころの居場所がある／ない」と感じる場所はどのような場所か
③感情：「こころの居場所がある／ない」と感じるときにどのような気持ちか
④人：誰と一緒にいるとき（または一人でいるとき）に「こころの居場所がある／ない」と感じるか
⑤意味：「こころの居場所」は，自分にとってどのようなものか

回答形式はすべて自由記述で，複数回答も可とした。

結果と考察

1.「こころの居場所がある／ない」と感じるとき

「こころの居場所がある」と感じるときと,「こころの居場所がない」と感じるときについて，それぞれの質問で得られた反応語の出現数を検討した結果,「こころの居場所がある」に対する反応が 161,「こころの居場所がない」に対する反応が 131，計 292 の反応が見出された。具体的な反応としては，Table3-1 に示した通り,「こころの居場所がある」では,「友達と話をしているとき（一緒にいるとき)」「家族と話をしているとき（一緒にいるとき)」「遊んでいるとき」の順で多かった。また,「こころの居場所がない」では,「ひとりのとき」「怒られているとき」「話に入れないとき」の順となった。

この結果より,「とき」の反応に関しては，時間的な要素よりも，対人的な要素や行為・感情の要素が強いことが明らかとなった。例えば,「友達（家族）と話をしている（一緒にいる）とき」「周りが知らない人ばかりのとき」

Table3-1　「こころの居場所がある／ない」と感じるとき

「こころの居場所がある」			「こころの居場所がない」		
反応語	出現数	（%）	反応語	出現数	（%）
友達と話をしている（一緒にいる）とき	50	(31.1)	ひとりのとき	26	(19.8)
家族と話をしている（一緒にいる）とき	24	(14.9)	怒られているとき	10	(7.6)
遊んでいるとき	10	(6.2)	話に入れないとき	9	(6.9)
楽しいとき	7	(4.3)	勉強しているとき	6	(4.6)
好きなことをしているとき	6	(3.7)	周りが知らない人ばかりのとき	5	(3.8)
寝ているとき	5	(3.1)	いじめられたとき	4	(3.1)
誰かといるとき	5	(3.1)	ケンカしたとき	3	(2.3)
家にいるとき	4	(2.5)	嘘をついたとき	3	(2.3)
ひとりでいるとき	4	(2.5)	不安なとき	3	(2.3)
ペットと一緒のとき	4	(2.5)	周りが暗いとき	3	(2.3)
リラックスしているとき	4	(2.5)	面白くないことをしているとき	3	(2.3)
落ち着くとき	3	(1.9)	悲しいとき	2	(1.5)
誰かが自分を気遣ってくれるとき	3	(1.9)	悩みがあるとき	2	(1.5)
誰かに相談しているとき	2	(1.2)	追いつめられたとき	2	(1.5)
にぎやかなとき	2	(1.2)	学校にいるとき	2	(1.5)
生きていること（心臓がある）	2	(1.2)	嫌いな人といるとき	2	(1.5)
本音で話をしているとき	2	(1.2)	人に嫌なことを言われたとき	1	(.8)
不安でないとき	1	(.6)	楽しくないとき	1	(.8)
悩みがないとき	1	(.6)	強がっているとき	1	(.8)
椅子に座っているとき	1	(.6)	普通に過ごしているとき	1	(.8)
ケンカしているとき	1	(.6)	気を遣ったり，気を遣われたりしているとき	1	(.8)
やるべきことができたとき	1	(.6)	ニュースで人を殺したりすることを聞いたとき	1	(.8)

お風呂に入っているとき	1	(.6)	大勢の人と一緒にいるとき	1	(.8)
皆と同じことをしているとき	1	(.6)	悪口を言っているとき	1	(.8)
うれしいとき	1	(.6)	何をしたらいいのか分からないとき	1	(.8)
涙が出そうなとき	1	(.6)	宿題をやらず学校に来るとき	1	(.8)
心があたたかいとき	1	(.6)	周りに流されてしまうとき	1	(.8)
きれいな海中にいるとき	1	(.6)	転校したとき	1	(.8)
海外	1	(.6)	友達に裏切られたとき	1	(.8)
休み時間	1	(.6)	いい子ぶっているとき	1	(.8)
自由なとき	1	(.6)	ひとりでないとき	1	(.8)
誰かと1対1で話をしているとき	1	(.6)	怖いとき	1	(.8)
応援しているとき	1	(.6)	自分が悪いことをしているとき	1	(.8)
友達が自分のことを真剣に考えてくれるとき	1	(.6)	ストレス発散できないとき	1	(.8)
ない	4	(2.5)	心が傷ついたとき	1	(.8)
分からない	3	(1.9)	周りの人と自分の格が違いすぎるとき	1	(.8)
			周りが騒がしいとき	1	(.8)
			からかわれたとき	1	(.8)
			寂しいとき	1	(.8)
			掃除をしているとき	1	(.8)
			嫌なことがあったとき	1	(.8)
			ない	15	(11.5)
			分からない	6	(4.6)
計	161	(100.0)	計	131	(100.0)

「友達がいないとき」などは人の要素，「遊んでいるとき」「寝ているとき」「勉強しているとき」などは行為の要素，「楽しいとき」「悲しいとき」「不安なとき」などは感情の要素である。さらに，「誰かに相談しているとき」や「誰かが自分を気遣ってくれるとき」「怒られているとき」「話に入れないとき」「いじめられたとき」などのように，対人的な要素に主観的感情が加わり，より高次元な場面設定となっているものもみられた。これらのことから，心理的居場所の有無に関して，時間的な要素が及ぼす影響より，他者との関係や行為に，主観的な望ましさの感情が絡み合って及ぼす影響の方が大きいといえる。つまり，心理的居場所があるときは，肯定的感情が生起しているか，もしくは否定的感情が生起していないときであるのに対し，心理的居場所がないときは，否定的感情が生起しているときであると考えられる。

また，とりわけ，「こころの居場所がある／ない」と感じるときについて，それぞれ全体の5%以上を占めた反応語のみに注目すると，「こころの居場所がある」では，友達や家族と何かをしているとき，つまり他者とのコミュニケーションが生じ得る環境に関する反応が多かったのに対し，「こころの居場所がない」では，「ひとりのとき」をはじめ，自己と他者が心理的・物理的に切り離された状態を示す反応が多かった。したがって，「こころの居場所がある／ない」と感じるときを分ける指標として，心理的・物理的にひとりであるかどうかが重要である可能性が示唆された。

2.「こころの居場所がある／ない」と感じる場所

「こころの居場所がある」と感じる場所と，「こころの居場所がない」と感じる場所について，それぞれの質問で得られた反応語の出現数を検討した結果，「こころの居場所がある」に対する反応が175，「こころの居場所がない」に対する反応が119，計294の反応が得られた。具体的な反応としては，Table3-2に示した通り，「こころの居場所がある」では，「家」「学校」「自分の部屋」の順で多かった。また，「こころの居場所がない」では，「学校」

「ひとりでいる所」「家」「塾」「どこでも」の順となった。

この結果より，「場所」の反応に関しては，「こころの居場所がない」で「ひとりでいる所」が上位に挙がる特徴的な傾向がみられた一方，「こころの居場所がある」と「こころの居場所がない」の双方で「家」「学校」といった反応が上位を占めることが明らかとなった。これは，中村（1999）が示唆しているように，どのような場所が居場所の感覚を想起させやすいかという傾向はあっても，場所の要素そのものは，居場所感覚に影響を与えるような特徴を持たないことを示していると考えられる。また，特定の場所が居場所を形成するのではなく，どのような場所に「こころの居場所」を見出すかは，個人差が大きいことが分かる。つまり，「家」「学校」といった物理的な場所を提供しさえすれば，誰もが居場所を持てるというわけではなく，これらの環境が整っていてもなお，居場所を見出せない子どももいるのである。

さらに，「こころの居場所がない」の反応においては，「知らない場所」「人混み」「知らない人がたくさんいる所」「仲良くない人と一緒の場所」など，具体的な空間に「知らない」という認知が加わっていることが読み取れ，場所や他者への慣れが心理的居場所の有無に影響を及ぼしているのではないかと推測される。

Table3-2　「こころの居場所がある／ない」と感じる場所

「こころの居場所がある」			「こころの居場所がない」		
反応語	出現数	（%）	反応語	出現数	（%）
家	58	（33.1）	学校	16	（13.4）
学校	43	（24.6）	ひとりでいる所	8	（ 6.7）
自分の部屋	12	（ 6.9）	家	6	（ 5.0）
友達がいる所	7	（ 4.0）	塾	6	（ 5.0）
教室	6	（ 3.4）	どこでも	6	（ 5.0）
塾	5	（ 2.9）	勉強机	4	（ 3.4）
海外	3	（ 1.7）	知らない場所	3	（ 2.5）
体育館	3	（ 1.7）	暗い所	3	（ 2.5）
心臓	3	（ 1.7）	人混み	3	（ 2.5）

ベッド	2	(1.1)	電車	3	(2.5)
トイレ	2	(1.1)	自分の部屋	2	(1.7)
図書館	2	(1.1)	知らない人がたくさんいる所	2	(1.7)
どこでも	2	(1.1)	登下校	2	(1.7)
遊べる所	2	(1.1)	周りに流されてしまった, それぞれの場所	2	(1.7)
テニスをしているとき	1	(.6)	心臓以外	1	(.8)
病院	1	(.6)	けんかをしている所	1	(.8)
食卓	1	(.6)	うるさい所	1	(.8)
静かで広い所	1	(.6)	異空間	1	(.8)
学校外	1	(.6)	祖父母の部屋	1	(.8)
友達の家	1	(.6)	転校して新しい学校での1日目	1	(.8)
祖父母の家	1	(.6)	教官室	1	(.8)
電車	1	(.6)	仲良くない人と一緒の場所	1	(.8)
運動場	1	(.6)	日本	1	(.8)
教会	1	(.6)	分からない話をしている 友達の輪	1	(.8)
小さい頃よく遊んだ場所	1	(.6)	掃除場所	1	(.8)
公園	1	(.6)	他クラスの教室	1	(.8)
野球場	1	(.6)	体育館	1	(.8)
お風呂	1	(.6)	崖	1	(.8)
自分の世界	1	(.6)	外	1	(.8)
外	1	(.6)	道路	1	(.8)
家族	1	(.6)	友達の中	1	(.8)
テニススクール	1	(.6)	ない	26	(21.8)
ない	5	(2.9)	分からない	10	(8.4)
分からない	2	(1.1)			
計	175	(100.0)	計	119	(100.0)

3.「こころの居場所がある／ない」ときに生起する感情

「こころの居場所がある」と感じるときの感情と，「こころの居場所がない」と感じるときの感情について，心理学専攻の大学院生4名によるKJ法（川喜多，1967）での分類を行った（Figure3-1，3-2）。

その結果，「こころの居場所がある」と感じるときの感情は，「楽しい」「うれしい」といった「気分の高揚」と，「ホッとする」「落ち着く」といった「安心」という感情，あるいは「あたたかい気持ち」など，「安心」と「気分の高揚」の両者の意味合いを伴う感情に分類することができ，これらの肯定的感情が，居場所があるという感覚と最も深く結びついていることが示唆された。

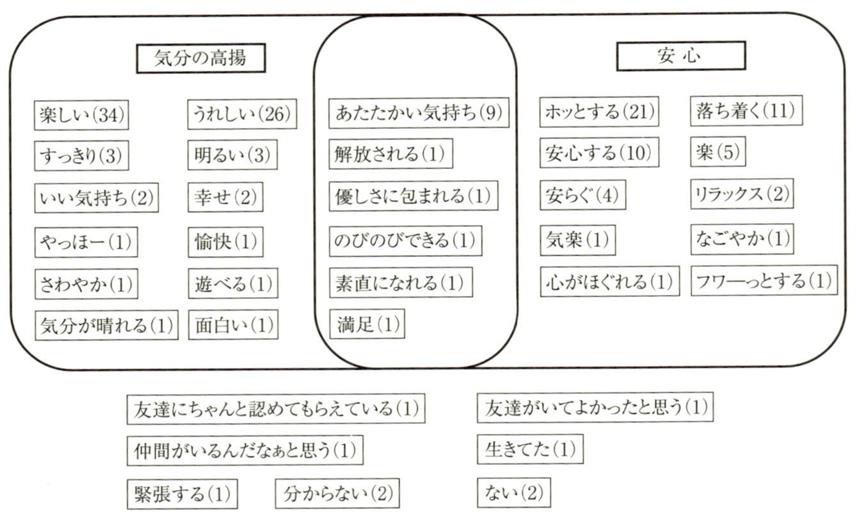

Figure3-1　「こころの居場所がある」ときに生起する感情

注）KJ法により分類を行った際，図中□で囲まれたものは反応語（原文まま），□は□をまとめた中グループを示している。また，□は中グループを命名したものである。以下，Figure3-2，3-3も同様である。

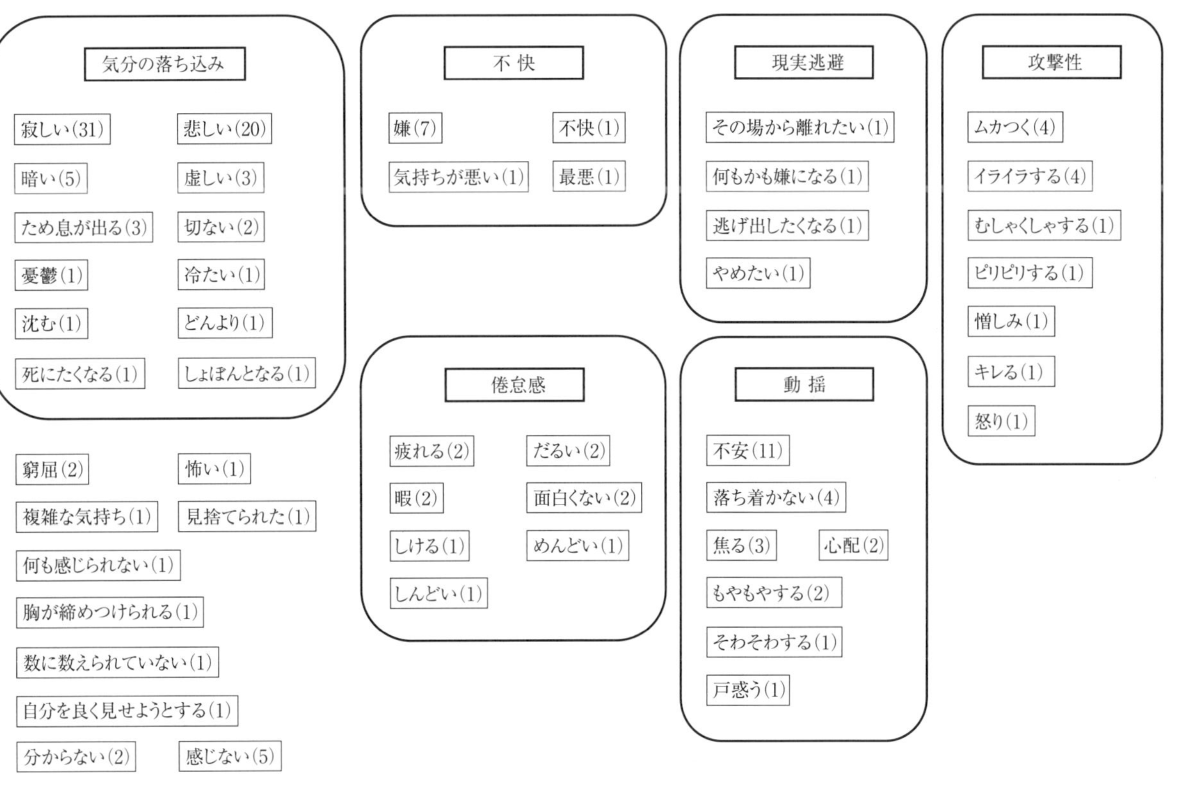

Figure3-2　「こころの居場所がない」ときに生起する感情

一方,「こころの居場所がない」と感じるときの感情の分類を行ったところ,「寂しい」「悲しい」といった気分の落ち込みに関する反応が最も多く,その他に,「不快」「倦怠感」「現実逃避」「動揺」「攻撃性」など,否定的感情に関する多様な反応が得られた。

これらのことから,居場所があるという感覚は肯定的感情の中で比較的単純構造を持つのに対し,居場所がないという感覚は人によって気分の落ち込みや感覚の麻痺,さらには攻撃性を引き起こす様々な危険性を孕むものであると考えられる。

4.「こころの居場所がある／ない」と感じる人

一緒にいて「こころの居場所がある」と感じる人と,「こころの居場所がない」と感じる人について,それぞれの質問で得られた反応語の出現数を検討した結果,「こころの居場所がある」に対する反応が154,「こころの居場所がない」に対する反応が106,計260の反応が得られた。具体的な反応としては,Table3-3に示した通り,「こころの居場所がある」では,「友達」「家族」「ペット」の順で多かった。また,「こころの居場所がない」では,「ひとりのとき」「嫌いな友達」「知らない人」の順となった。

この結果より,「人」の反応では,「こころの居場所がある」で「友達」が過半数を占め,続いて出現頻度の多かった「家族」と合わせて83.1%となることが明らかとなり,「友達」「家族」といった身近な存在が,中学生における心理的居場所の中核となっている可能性が示唆された。これに対し,「こころの居場所がない」では「ひとりのとき」に続いて「嫌いな友達」「知らない人」などが上位となった。ここで特徴的なのは,「こころの居場所がある」での頻出反応であった「友達」「家族」が,「こころの居場所がない」では「嫌いな友達」「知らない人」「特定の家族」といったように,より具体的な対象として挙げられていることである。これらの結果から,たとえ人と一緒にいても,その相手が心の通わない人である場合,心理的にひとりである

Table3-3 「こころの居場所がある／ない」と感じる人

「こころの居場所がある」			「こころの居場所がない」		
反応語	出現数	(%)	反応語	出現数	(%)
友達	80	(51.9)	ひとりのとき	30	(28.3)
家族	48	(31.2)	嫌いな友達	23	(21.7)
ペット	6	(3.9)	知らない人	13	(12.3)
親戚	5	(3.2)	特定の家族	6	(5.7)
ひとりのとき	4	(2.6)	先生	3	(2.8)
先生	3	(1.9)	多数の人	2	(1.9)
みんな	2	(1.3)	自分と全然違う人	1	(.9)
自分が素直に話せる人	1	(.6)	誰とでも	1	(.9)
知り合い	1	(.6)	学校の人	1	(.9)
誰か	1	(.6)	ぽつんと取り残されているとき	1	(.9)
何かに集中して取り組んでいるとき	1	(.6)	ない	24	(22.6)
恋人	1	(.6)	分からない	1	(.9)
いない	1	(.6)			
計	154	(100.0)	計	106	(100.0)

という状態が成立し，「こころの居場所がない」といった感覚と結びついていると考えられる。

また，「こころの居場所がない」の反応で最も多かった「ひとりのとき」については，「こころの居場所がある」と「こころの居場所がない」の両方で上位に挙がっているのが分かる。これに関して，ひとりでいられることは重要な青年期心性の１つであると考えられるが，本研究の対象が青年期前期にあたる中学生であったことから，未だ完全な青年期心性には至らず，その状態に対する捉え方にばらつきがあることが推察される。他方，「ひとりでいる」という同じ状態ではあっても，その質によって意味が異なることも推測され，自らひとりでいることを望んでいる場合には，そこに居場所を感じられるのに対し，対人欲求があるにも関わらず，その欲求が満たされずにひとりでいる場合には，否定的な感情が生起し，居場所のなさの感覚と結びつく可能性がある。すなわち，「ひとりでいる」状態下では，その背景にある対人欲求の存否が居場所の有無の感覚に影響を与えているのではないかと考えられる。

5.「こころの居場所」の意味

「こころの居場所」が自分にとってどのようなものかについて，心理学専攻の大学院生4名によるKJ法（川喜多, 1967）での分類を行った（Figure3-3）。

その結果，こころの居場所に対する意味づけは「安心」「安らぎ」「ホッとする」「落ち着く」に分類することができ，これらをまとめて「安心感」とした。また，その他に，「ありのままの自分の被受容感」「優しさ」「大切」「楽しさ」といったグループができ，いずれも感情面を重視するものが目立った。

これらのことから，こころの居場所の意味について，安心感の存在が重要であることが示唆された。また，「ありのままの自分の被受容感」や「ひとりでない」といった反応からは，対人的要素も深く関係していることがうかがえ，竹森（1999）が指摘する，「居場所は，形式的で物理的な場ではなく，そこに生きる人と支える人の関係性が，その本質である」ことと一致している。さらに，これらの反応から，心理的居場所は安心感，被受容感，優しさ，楽しさなど，精神的な解放や充足に関連した意味づけがなされており，たとえそれがどのような形であれ，なくてはならない存在として認識されていると考えられる。

6.「とき」「場所」「人」の複数回答における組合せについて

「とき」「場所」「人」の3項目に関して，それぞれ複数回答にどのような組合せパターンがみられたかを集計した（Table3-4，3-5，3-6，3-7，3-8，3-9）。

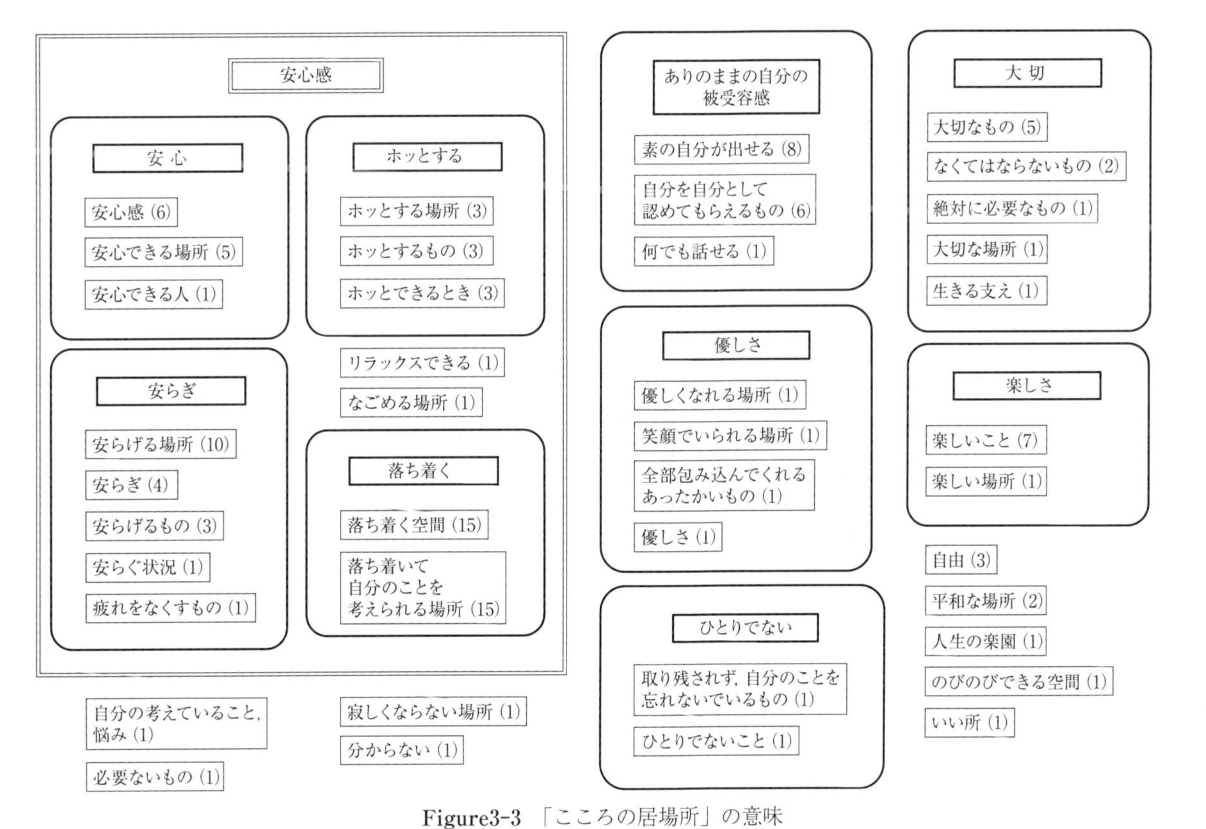

Figure3-3　「こころの居場所」の意味

注）図中□は□と□をまとめた大グループを示している。また，その中の□は大グループを命名したものである。

その結果，「こころの居場所がある」の組合せパターンにおいて，「とき」では，「友達と話をしている（一緒にいる）とき」と「家族と話をしている（一緒にいる）とき」の組合せが最も多く，友達や家族といった親しい他者と何かをしている，もしくは，一緒にいるときに居場所があると感じていることが明らかとなった。また，これら２つの反応に加えて，「遊んでいるとき」「ペットと一緒のとき」を挙げた者も含め，複数回答した対象者の半数は，友達だけではなく，家族を含めて他者とともに過ごすときを居場所と感じていることが分かる。次に，「場所」においては，「家」と「学校」の組合せが最も多く，これらに加えてその他の場所，例えば，「塾」「教室」といった場

Table3-4 「こころの居場所がある」

反応語１	反応語２
友達と話をしている(一緒にいる)とき	寝ているとき
友達と話をしている(一緒にいる)とき	家族と話している（一緒にいる）とき
友達と話をしている(一緒にいる)とき	家族と話している（一緒にいる）とき
にぎやかなとき	不安でないとき
友達と話をしている(一緒にいる)とき	家族と話している（一緒にいる）とき
友達と話をしている(一緒にいる)とき	遊んでいるとき
友達と話をしている(一緒にいる)とき	家にいるとき
友達と話をしている(一緒にいる)とき	誰かが自分を気遣ってくれるとき
友達と話をしている(一緒にいる)とき	好きなことをしているとき
家族と話している（一緒にいる）とき	ペットと一緒のとき
楽しいとき	落ち着くとき
楽しいとき	にぎやかなとき
楽しいとき	生きていること（心臓がある）
寝ているとき	リラックスしているとき
寝ているとき	休み時間
ひとりでいるとき	リラックスしているとき
本音で話しているとき	応援しているとき
うれしいとき	涙が出そうなとき

所が挙げられることが明らかとなった。中には，「トイレ」と「自分の世界」といった組合せも存在し，これらはひとり内に閉じ籠ることで自己を確立しようとする青年期心性を反映したものと考えられることから，こうした青年は未だ完全な青年期心性には至らないものの，多少なりともその兆しがみられつつあることがうかがえる。さらに，「人」では，その他の反応を含め，「友達」に加えて，「家族」を挙げた者が複数回答した対象者の８割を超えていたことから，友達，家族といった身近な他者の存在が居場所の感覚と圧倒的に強く結びついていることが分かる。これは，青年期前期にあたる中学生において，友達の存在が非常に重要であるとともに，心理的離乳の時期に差

ときの複数回答による組合せパターン

反応語３	反応語４	出現数
ひとりでいるとき	好きなことをしているとき	1
ペットと一緒のとき		1
遊んでいるとき		1
悩みがないとき		1
		14
		2
		1
		1
		1
		1
		1
		1
		1
		1
		1
		1
		1
		1
	計	32

しかかってもなお，家族の存在が重要な心理的居場所であることを示唆していると考えられる。

一方，「こころの居場所がない」の「とき」「場所」「人」において，「とき」では，「ひとりのとき」「話に入れないとき」「嘘をついたとき」「怒られているとき」などの反応語を含む組合せが多く，他者との交流がない，あるいは友好的な関係ではないときに「こころの居場所がない」と感じていることが示唆された。また，「場所」を複数挙げた者は少数であったが，「こころの居場所がある場所」と同様に，「学校」「家」，さらには「塾」といった反応が中心となっていることが分かる。このことは，多くの子ども達にとって「学校」や「家」が心理的居場所である一方で，それらの場所がいずれも居場所にはならず，むしろそこに居場所のなさを感じる子どもも僅かながら存在していることを示唆しており，こうした子ども達は，まさに支援を必要としているものと考えられる。さらに，「人」では「ひとり」「嫌いな友達」「知らない人」が複数回答の大半を占めることが明らかとなり，心理的な交流がない，あるいは交流が少ない他者とともに過ごすことは，居場所のなさの感覚を生起させている可能性が示唆された。

これらの結果から，こころの居場所がある「とき」「場所」「人」は，総じ

Table3-5　「こころの居場所がない」ときの複数回答による組合せパターン

反応語 1	反応語 2	反応語 3	出現数
嘘をついたとき	強がっているとき	学校にいるとき	1
不安なとき	普通に過ごしているとき	怖いとき	1
ひとりのとき	不安なとき	悩みがあるとき	1
ひとりのとき	話に入れないとき		1
ひとりのとき	嘘をついたとき		1
怒られているとき	勉強しているとき		1
怒られているとき	いじめられたとき		1
周りが騒がしいとき	からかわれたとき		1
		計	8

Table3-6 「こころの居場所がある」場所の複数回答による組合せパターン

反応語１	反応語２	反応語３	反応語４	出現数
学校	自分の部屋	塾	図書館	1
友達がいる所	トイレ	教会	小さい頃よく遊んだ場所	1
家	学校	塾		2
家	学校	テニススクール		1
家	学校	病院		1
家	教室	体育館		1
家	学校			17
家	教室			2
家	塾			2
家	海外			1
家	図書館			1
家	祖父母の家			1
家	公園			1
家	自分の世界			1
学校	自分の部屋			1
学校	教室			1
学校	友達がいる所			1
学校	体育館			1
学校	電車			1
学校	運動場			1
学校	野球場			1
学校	外			1
自分の部屋	友達がいる所			1
自分の部屋	教室			1
自分の部屋	体育館			1
トイレ	自分の世界			1
			計	46

Table3-7 「こころの居場所がない」場所の複数回答による組合せパターン

反応語 1	反応語 2	反応語 3	出現数
学校	家	塾	1
学校	家		1
学校	塾		1
学校	勉強机		1
		計	4

Table3-8 「こころの居場所がある」人の複数回答による組合せパターン

反応語 1	反応語 2	反応語 3	出現数
友達	家族	親戚	4
友達	家族	ペット	3
友達	家族	先生	2
友達	ペット	ひとりのとき	1
友達	ペット	自分が素直に話せる人	1
友達	家族		32
友達	ひとりのとき		2
友達	ペット		1
家族	親戚		1
家族	先生		1
		計	48

Table3-9 「こころの居場所がない」人の複数回答による組合せパターン

反応語 1	反応語 2	出現数
ひとりのとき	嫌いな友達	3
ひとりのとき	知らない人	2
嫌いな友達	知らない人	2
嫌いな友達	特定の家族	1
知らない人	自分と全然違う人	1
特定の家族	先生	1
	計	10

て友達・家族，学校・家といった子ども達の基本的な生活基盤となる関係性や場であることが明らかとなり，中学生の心理的居場所を考える上で，こうした身近な関係性や場の重要性が示されたといえる。一方，こころの居場所がない「とき」「場所」「人」に関しては，他者との交流がなく，心理的に孤立した場面を挙げた反応が多かったことから，他者との心理的交流の存否が心理的居場所の感覚と結びついているものと考えられる。

第2節　まとめ

本章では，「こころの居場所がある」「こころの居場所がない」という2つの側面から心理的居場所の概念に関する具体的な検討を行った。その結果，①「こころの居場所がある／ない」と感じるときを分ける指標として，心理的・物理的にひとりであるかどうかが重要な要素であること，②場所の要素そのものは居場所感覚に影響を与えるような特徴を持たず，その場所や他者への慣れが心理的居場所の有無に影響を及ぼしていること，③「居場所がある」ときには「安心」や「気分の高揚」といった肯定的感情が生起するのに対し，「居場所がない」ときに生起する感情は個人差が大きく，多様な否定的感情と結びつき得るものであること，④たとえ人と一緒にいても，心理的交流を感じられない場合には，居場所がないという感覚と結びつく可能性があること，⑤「こころの居場所」の意味については，そこで体験する安心感，被受容感，優しさ，楽しさなど精神的な解放や充足といった感情的な要素が強いこと，が明らかとなった。

これらの結果をふまえ，本書では，心理的居場所感を「心の拠り所となる関係性，および，安心感があり，ありのままの自分を受容される場があるという感情」と定義し，次章以降の研究を行っていくこととする。

第４章　心理的居場所感および学校適応と精神的健康

目的

第３章において，心理的居場所感は「心の拠り所となる関係性，および，安心感があり，ありのままの自分を受容される場があるという感情」と定義づけられた。

そこで，本章では，中学生における心理的居場所感の特徴について考察を行うとともに，心理的居場所感および学校適応と精神的健康との関連について検討を行うことを目的とする。

方法

1．調査対象

兵庫県内の中学１年生 299 名（男子 145 名，女子 151 名，無記入３名），中学２年生 277 名（男子 134 名，女子 140 名，無記入３名），計 576 名であった。

2．調査時期

2004 年 12 月に実施した。

3．調査手続

教育関係者を通じて学校長および担任に依頼し，各学級にて集団で施行する形式をとった。

4．調査内容

①心理的居場所感：前章により，「安心する」「ホッとする」「楽しい」「あり

のままの自分でいられる」「大切」といった肯定的な感情と,「寂しい」「悲しい」「不安」といった否定的な感情が,居場所に関する重要な感覚であることが示されたことから,ここでは,「居場所がある」ときの肯定的な感情に着目し,これに「時」「場所」「人」の3要素を組合せた15項目(則定,2006a)を質問項目とした(Table4-1)。回答は,「あてはまらない(1点)」〜「あてはまる(4点)」の4件法で評定を求めた。なお,本尺度の α 係数は.94であり,高い信頼性が確認された。

②学校生活に対する意識:二宮(1985)によって作成された26項目のうち,教育関係者の協力を得て,25項目を選出したものである。本尺度は,「学校適応－脱学校」「仲間志向－孤立志向」の2つの下位尺度から成る。回答は,「あてはまらない(1点)」〜「あてはまる(5点)」の5件法で評定を求めた。

Table4-1　心理的居場所感に関する項目

項目
私には,安心して過ごせる時間がある
私には,ホッとする場所がある
私には,一緒にいて楽しいと思える人がいる
私には,ありのままの自分でいられる時間がある
私には,自分にとって大切な場所がある
私には,一緒にいると安心できる人がいる
私には,ホッとする時間がある
私には,楽しいと感じる場所がある
私には,ありのままの自分を受け入れてくれる人がいる
私には,自分にとって大切だと感じる時間がある
私には,安心して過ごせる場所がある
私には,一緒にいるとホッとする人がいる
私には,楽しいと感じる時間がある
私には,ありのままの自分でいられる場所がある
私には,大切な人がいる

③精神的健康：Goldberg（1978）による精神的健康尺度――GHQ28（General Health Questionaire）の日本版（中川・大坊，1996）から，身体的症状に関する7項目と，中学生にはやや不適切であると判断された3項目を除いた18項目を使用した。本尺度は，「不安と不眠」「社会的活動障害」「うつ傾向」の3つの下位尺度から成る。回答は，「まったくなかった（1点）」～「よくあった（4点）」（項目により，表現が異なる）の4件法で評定を求めた。

結果と考察

第1節　心理的居場所感の特徴

性別と学年による中学生の心理的居場所感の差異を検討するために，性別と学年を独立変数，心理的居場所感を従属変数とする二要因分散分析を行った（Table4-2）ところ，性別の主効果が有意であり，学年の主効果，交互作用は有意ではなかった。性別の主効果の下位検定の結果，男子＜女子であった。

これらの結果から，心理的居場所感には性差が認められ，女子は男子に比べて心理的居場所感が高いことが示唆された。岡村（2004）によれば，大学生において「安心できる時」や「安心できる人」の回答に男女の性差がみられるという。具体的には，「安心できる時」について，「家にいる時」が男子に多く，「他者といる時」は女子に多いとされ，「安心できる人」では，「自分」が男子に多く，「父・母・祖父母」は女子に多いとされる。これに関連

Table4-2　性別と学年による心理的居場所感

	1年男子	1年女子	2年男子	2年女子	性別	学年	交互作用
	平均値（*SD*）	平均値（*SD*）	平均値（*SD*）	平均値（*SD*）	*F* 値	*F* 値	*F* 値
心理的居場所感	3.23　（.61）	3.55　（.56）	3.21　（.64）	3.47　（.64）	29.25 **	.88	.37

$^{**}p<.01$

し，従来の研究において，女子は男子よりも親和動機が高く，中核的な動機となることが報告されてきた（前原，1980；McClelland，1953）。すなわち，男子に比べて女子の方が対人欲求は高いと考えられ，女子の場合，安心感を得るための高い対人欲求は，家族などの近親者によって容易に満たされる可能性を持っているのに対し，男子の場合，安心感を自分自身の存在の中に見出す傾向が強いため，拠り所となる自我が未成熟であれば，この安心感は満たされにくくなると推測できる。本研究の対象となった青年期前期においては，家族への心理的依存からの脱却を果たすために両親に反抗する一方で，まだ自分自身の判断に頼り切ることもできないという苦闘を続けている段階であり，この苦悩は自分自身の中に，中核となる自己意識が形成されない限り解決されない（野沢，1981）ことから，自分自身に安心感を求める傾向の強い男子にとって，現段階では安心感や他者からの被受容感を得ることが，女子に比べて難しいのかもしれない。

第2節　心理的居場所感および学校適応と精神的健康

1. 性差の検討

性差の検討を行うため，性別を独立変数，心理的居場所感，学校生活に対

Table4-3　各尺度の平均値および *SD*

	男子	女子	*F* 値
	平均値（*SD*）	平均値（*SD*）	
心理的居場所感	3.22（.63）	3.51（.60）	29.77 **
学校適応－脱学校	2.94（.70）	3.00（.66）	.77
仲間志向－孤立志向	3.94（.60）	4.05（.62）	4.49 **
不安と不眠	2.22（.60）	2.32（.55）	4.34 **
社会的活動障害	2.30（.44）	2.18（.45）	8.97 **
うつ傾向	1.82（.88）	1.80（.76）	.16

**$p<.01$

する意識の下位尺度，精神的健康の下位尺度を従属変数とした一要因分散分析を行った（Table4-3）ところ，心理的居場所感，学校生活に対する意識の「仲間志向－孤立志向」，精神的健康の「不安と不眠」「社会的活動障害」において有意差が認められた。まず，心理的居場所感では女子が男子よりも得点が高かった。また，学校生活に対する意識の「仲間志向－孤立志向」では女子が男子よりも得点が高く，仲間志向的であった。さらに，精神的健康の「不安と不眠」では女子が男子よりも得点が高かったのに対し，「社会的活動障害」では男子が女子よりも得点が高かった。

これらの結果より，心理的居場所感，学校生活に対する意識，精神的健康にはそれぞれ性差が認められることが明らかとなった。

2. 心理的居場所感と各下位尺度との関連

心理的居場所感および学校生活に対する意識と精神的健康について，それぞれ性差が認められたことから，男女別に相関係数を算出した（Table4-4）。

まず，学校生活に対する意識に関して，男女ともに心理的居場所感と「学校適応－脱学校」および「仲間志向－孤立志向」との間に，いずれも中程度の有意な正の相関が認められた。この結果より，心理的居場所感は，学校への適応や他者との関わり方といった学校生活に対する意識と関連があることが示唆された。

Table4-4　各尺度間の相関

	①	②	③	④	⑤	⑥
①心理的居場所感	−	.43 **	.46 **	-.17 **	-.37 **	-.34 **
②学校適応－脱学校	.42 **	−	.30 **	-.21 **	-.44 **	-.43 **
③仲間志向－孤立志向	.43 **	.28 **	−	-.27 **	-.30 **	-.24 **
④不安と不眠	-.29 **	-.34 **	-.27 **	−	.36 **	.52 **
⑤社会的活動障害	-.40 **	-.36 **	-.22 **	.36 **	−	.51 **
⑥うつ傾向	-.40 **	-.40 **	-.39 **	.50 **	.36 **	−

上段：男子　下段：女子　　**$p<.01$

また，精神的健康に関して，男女ともに心理的居場所感と「不安と不眠」「社会的活動障害」「うつ傾向」との間に，それぞれ弱い有意な負の相関が認められた。この結果より，心理的居場所感は，「不安と不眠」「社会的活動障害」「うつ傾向」といった精神的健康と関連があることが示唆された。

さらに，学校生活に関する意識と精神的健康においては，男女ともに「学校適応－脱学校」と「不安と不眠」「社会的活動障害」「うつ傾向」との間に，それぞれ弱から中程度の有意な負の相関が認められた。また，男女ともに「仲間志向－孤立志向」と「不安と不眠」「社会的活動障害」「うつ傾向」との間に，それぞれ弱い有意な負の相関が認められた。これらの結果より，学校生活に関する意識と精神的健康との間には関連があることが示唆された。

3. 心理的居場所感と学校適応における精神的健康の差異

心理的居場所感と学校生活に対する意識による精神的健康の差異を検討するために，心理的居場所感と学校生活に対する意識の下位尺度を独立変数，精神的健康の下位尺度を従属変数とする二要因分散分析を行った（Table4-5, 4-6, 4-7, 4-8）。分析を行うにあたり，心理的居場所感と学校生活に対する意識を以下の方法で分類した。まず，心理的居場所感について，ニュートラル・ポイントを基準にH群（項目得点 >2.50）・L群（項目得点≦ 2.50）の2群に分類した。また，学校生活に対する意識の下位尺度「学校適応－脱学校」「仲間志向－孤立志向」について，それぞれニュートラル・ポイントを基準に学校適応群（項目得点 >3.00）・脱学校群（項目得点≦ 3.00），仲間志向群（項目得点 >3.00）・孤立志向群（項目得点≦ 3.00）の2群に分類した。

分析の結果，男子の場合は，「社会的活動障害」および「うつ傾向」において心理的居場所感と「学校適応－脱学校」の主効果が有意であった。また，「社会的活動障害」において心理的居場所感と「仲間志向－孤立志向」の交互作用が有意であった。交互作用が認められたため，単純主効果の検定

Table4-5　心理的居場所感と学校生活に対する意識（学校適応－脱学校）のグループによる精神的健康（男子）

	心理的居場所感H学校適応群		心理的居場所感H脱学校群		心理的居場所感L学校適応群		心理的居場所感L脱学校群		心理的居場所感	学校適応－脱学校	交互作用
	平均値	(*SD*)	平均値	(*SD*)	平均値	(*SD*)	平均値	(*SD*)	*F* 値	*F* 値	*F* 値
不安と不眠	2.10	(.56)	2.33	(.62)	2.36	(.49)	2.45	(.72)	2.50	1.93	.34
社会的活動障害	2.13	(.38)	2.44	(.48)	2.55	(.33)	2.59	(.43)	11.48 **	4.36 *	2.59
うつ傾向	1.53	(.69)	2.08	(.88)	1.92	(.74)	2.67	(1.04)	9.21 **	16.49 **	.36

*p<.05, **p<.01

Table4-6　心理的居場所感と学校生活に対する意識（仲間志向－孤立志向）のグループによる精神的健康（男子）

	心理的居場所感H仲間志向群		心理的居場所感H孤立志向群		心理的居場所感L仲間志向群		心理的居場所感L孤立志向群		心理的居場所感	仲間志向－孤立志向	交互作用
	平均値	(*SD*)	平均値	(*SD*)	平均値	(*SD*)	平均値	(*SD*)	*F* 値	*F* 値	*F* 値
不安と不眠	2.15	(.57)	2.36	(.59)	2.36	(.61)	2.57	(.80)	1.59	1.54	.00
社会的活動障害	2.21	(.42)	2.95	(.25)	2.52	(.36)	2.77	(.45)	.34	18.29 **	4.56 *
うつ傾向	1.71	(.82)	2.40	(1.09)	2.46	(.89)	2.46	(1.34)	2.85	2.06	2.07

*p<.05, **p<.01

Table4-7　心理的居場所感と学校生活に対する意識（学校適応－脱学校）のグループによる精神的健康（女子）

	心理的居場所感H学校適応群		心理的居場所感H脱学校群		心理的居場所感L学校適応群		心理的居場所感L脱学校群		心理的居場所感	学校適応－脱学校	交互作用
	平均値	(*SD*)	平均値	(*SD*)	平均値	(*SD*)	平均値	(*SD*)	*F* 値	*F* 値	*F* 値
不安と不眠	2.22	(.52)	2.42	(.58)	2.68	(.81)	2.67	(.52)	5.24 *	.40	.49
社会的活動障害	2.08	(.40)	2.22	(.44)	2.42	(.40)	2.82	(.57)	15.04 **	5.18 *	1.22
うつ傾向	1.61	(.66)	1.92	(.80)	2.15	(.75)	2.74	(.69)	11.31 **	4.88 *	.48

*p<.05, **p<.01

Table4-8　心理的居場所感と学校生活に対する意識（仲間志向－孤立志向）のグループによる精神的健康（女子）

	心理的居場所感H仲間志向群 平均値（*SD*）	心理的居場所感H孤立志向群 平均値（*SD*）	心理的居場所感L仲間志向群 平均値（*SD*）	心理的居場所感L孤立志向群 平均値（*SD*）	心理的居場所感 *F*値	仲間志向－孤立志向 *F*値	交互作用 *F*値
不安と不眠	2.26（.53）	2.96（.62）	2.57（.47）	2.69（.67）	.02	7.22 **	3.63
社会的活動障害	2.13（.41）	2.26（.57）	2.65（.44）	3.06（.73）	29.64 **	5.02 *	1.31
うつ傾向	1.67（.67）	2.89（.99）	2.48（.53）	2.73（.99）	2.73	14.39 **	6.07 *

$^{*}p<.05$, $^{**}p<.01$

を行ったところ，心理的居場所感については，仲間志向群において心理的居場所感H群＜心理的居場所感L群であった。さらに,「仲間志向－孤立志向」については，心理的居場所感H群において仲間志向群＜孤立志向群であった。

一方，女子の場合は,「不安と不眠」において心理的居場所感の主効果,「社会的活動障害」および「うつ傾向」において心理的居場所感と「学校適応－脱学校」の主効果が有意であった。また,「不安と不眠」において「仲間志向－孤立志向」の主効果,「社会的活動障害」において心理的居場所感と「仲間志向－孤立志向」の主効果が有意であった。さらに,「うつ傾向」において心理的居場所感と「仲間志向－孤立志向」の交互作用が有意であった。交互作用が認められたため，単純主効果の検定を行ったところ，心理的居場所感については，仲間志向群において心理的居場所感H群＜心理的居場所感L群であった。また,「仲間志向－孤立志向」については，心理的居場所感H群において，仲間志向群＜孤立志向群であった。

これらの結果より，男子の場合,「社会的活動障害」および「うつ傾向」において心理的居場所感と「学校適応－脱学校」それぞれの主効果が認められたことから，共通して，心理的居場所感L群の方が心理的居場所感H群よりも得点が高く，また，脱学校群の方が学校適応群よりも得点が高いことが明らかとなった。また，女子の場合，「不安と不眠」において心理的居場所感の主効果，「社会的活動障害」および「うつ傾向」において心理的居場所感と「学校適応－脱学校」それぞれの主効果が認められたことから，「不安と不眠」では，心理的居場所感L群の方が心理的居場所感H群よりも得点が高いことが示唆された。さらに，「社会的活動障害」および「うつ傾向」では，共通して，心理的居場所感L群の方が心理的居場所感H群よりも得点が高く，また，脱学校群の方が学校適応群よりも得点が高いことが明らかとなった。これらのことから，精神的健康が良好であるためには，男女ともに総じて心理的居場所感を抱けること，および学校適応的であることが重要だと考えられる。一方，「不安と不眠」において「仲間志向－孤立志向」の主効果，「社会的活動障害」において心理的居場所感と「仲間志向－孤立志向」の主効果が認められたことから，「不安と不眠」では，孤立志向群の方が仲間志向群よりも得点が高いことが示唆された。また，「社会的活動障害」においては心理的居場所感L群の方が心理的居場所感H群よりも得点が高く，孤立志向群の方が仲間志向群よりも得点が高いことが明らかとなった。

次に，心理的居場所感と「仲間志向－孤立志向」の交互作用がみられた男子の「社会的活動障害」，および女子の「うつ傾向」に関して，いずれも心理的居場所感H・仲間志向群の得点が最も高く，心理的居場所感H・孤立志向群の得点が最も低いことが明らかになった。心理的居場所感H・仲間志向群とは，「安心できる」「ありのままの自分でいられる」といった時間・人・場所が確保できており，なおかつ友達と良好な関係を築くことのできるタイプである。一方，心理的居場所感H・孤立志向群とは，「安心できる」「ありのままの自分でいられる」といった時間・人・場所は確保できているものの，友達と関わるよりも一人でいることを好むタイプである。本研究で尋ねた内容は，学校内での友人関係に限定した項目であったことから，このタイプは，一緒にいると「安心できる」「ありのままの自分でいられる」人が友達以外の他者であり，「安心できる」「ありのままの自分でいられる」時や場所が友達以外の他者と過ごす時や場所であると考えられ，学校内では孤立傾向にあることが推察される。したがって，学校外に心理的居場所感を確保できていながら，学校内では一人でいたいという欲求を抱いている，すなわち学校内での親密な友人関係の拒絶傾向を示しているものと考えられる。本結果より，心理的居場所感が高く，仲間志向が強い場合には，精神的健康が最も良好であり，心理的居場所感が高くても学校での孤立傾向が強い場合には，精神的健康が最も良好でないことが示唆されたことから，心理的居場所感が高い者の精神的健康を向上させるためには，仲間志向的であること，すなわち学校内での友人関係を良好にすることが重要だと考えられる。したがって，こうした子ども達への援助を考える際には，学校内での友人関係を繋ぐような視点が必要であるといえる。

第3節　まとめ

本章では，まず，中学生における心理的居場所感の特徴に関する検討を行ったところ，心理的居場所感には性差が認められ，女子の方が男子に比べ，心理的居場所感が高いことが示唆された。

次に，心理的居場所感および学校適応と精神的健康との関連について検討を行ったところ，男女ともに心理的居場所感が高く，仲間志向的である場合には，精神的健康が良好である一方，心理的居場所感が高くても孤立志向的である場合には，精神的健康が良好でないことが明らかになった。これより，中学生の精神的健康に影響を及ぼす要因として，時・人・場所に関する心理的居場所感に加えて，学校内での友人関係の在り方が重要であることが示唆された。

これらの結果に関して，従来の研究においても，自我が確立されていない青年期前期の居場所づくりには，その場に必ず他者の見守りの眼差しが注がれていなければならないこと（川島，2004）や，居場所を保証する大人がいること（矢野，2006）が指摘されてきた。また，田中（2003）も，不愉快で孤独な対人関係しか築けないならば，それは居場所になり難いとし，居場所の存立条件が親子関係や友人関係といった対人関係に大きく左右されることを示唆している。したがって，精神的健康およびこれに関する援助や介入を考える際には，身近な他者との関係性を抜きにしては語れないことから，こうした対人関係における心理的居場所感に着目していく必要があると考えられる。

そこで，次章以降の研究では，対人関係における心理的居場所感について検討していくこととする。

第5章　重要な他者に対する心理的居場所感と精神的健康

第1節　中学生における重要な他者と抑うつ傾向

前章において，中学生の心理的居場所感および学校適応と精神的健康には関連がみられることが明らかになった。この精神的健康に関して，近年，とりわけ児童・思春期の抑うつ傾向に対する関心が高まり，児童精神医学をはじめ，様々な分野において研究が活発に行われている。例えば，小・中学生の抑うつ状態に関する研究を行った傳田・賀古・佐々木・伊藤・北川・小山（2004）によると，大うつ病に相当する小学生は1.6 %，中学生は4.6 %存在することが推定されている。また，高い抑うつ傾向を示す小学生は7.8%，中学生は22.8 %であるとされる（石川・戸ヶ崎・佐藤・佐藤，2006）。これは，今日の小学生の60人に1人，中学生の21～22人に1人が実際にうつ病に罹患し，同じく小学生の12～13人に1人，中学生の4～5人に1人が高い抑うつ傾向を呈していることを示している。

こうした思春期の抑うつ傾向と心理的居場所感の関連について，則定・上長・齊藤（2006b）の研究では，心理的居場所感が高ければ抑うつ傾向が低いことが示されているが，前章で述べたように，対人関係における心理的居場所感に着目した場合，どのような特徴がみられるのであろうか。第3章において，心理的居場所感が安心感や被受容感といった感情から成ることが明らかになったが，これに関連し，酒井（2005）は，対人的信頼感の構成要素にも「安心」があることを示唆している。この対人的信頼感と抑うつ傾向との関連を検討した酒井・菅原・眞榮城・天羽・詫摩（2002）によると，中学生では，父親およびきょうだい・親友との信頼感が高ければ，抑うつ傾向が低いことが示されている。また，中学生の親および親友との信頼関係と学校適応との関連を検討した酒井・菅原・眞榮城・菅原・北村（2002）では，父親・母親と良好な信頼関係を築けている中学生は，学校適応が良いことが報告されている。あわせて，たとえ父親・母親との信頼関係が良好ではなくとも，親友と呼べる存在がいれば，重大な不適応行動に結実することなく学校生活を送れることも示唆されている。こうしたことから，青年期前期の心理的居場所感と抑うつ傾向を考えた場合，青年を取り巻く人間関係が多様な形で抑うつ傾向に影響を与えていることが推測され，どの対象に対する心理的居場所感が抑うつ傾向に関連するのか，詳細な検討を行う必要があると考えられる。

他方，理論的な観点からも，思春期はそれまでの安定した親子関係からの自立を目指す時期であるとされる。これについて，牛島・福井（1980）はWinnicott（1965）の考えを採用し，この時期の子どもたちは，自立しようとすれば「淋しさ」が，安定にとどまれば「空しさ」が生まれると指摘し，前進も後退も出来ない心理状態であるとしているが，こうした状況からの脱出には同性同輩集団，親友の存在が重要であると考えられる。したがって，思春期には，「重要な他者」（significant other；Sullivan，1953）として，両親に加え，親友の存在が重要な位置を占めるとされる。

以上のことから，本研究では，思春期における重要な他者として，両親および親友を取り上げ，彼らに対する心理的居場所感と抑うつ傾向との関連を検討していくこととする。具体的には，第2節において両親および親友に対する心理的居場所感の構造の検討を行い，第3節において両親および親友に対する心理的居場所感と抑うつ傾向との関連について検討を行う。

第2節　重要な他者に対する心理的居場所感の構造

目的

本研究では，中学生における重要な他者，すなわち母親・父親・親友に対する心理的居場所感の構造について検討することを目的とする。

方法

1. 調査対象

山梨県内の中学1年生167名（男子70名，女子97名），中学2年生164名（男子85名，女子79名），中学3年生173名（男子97名，女子75名，無記入1名），計504名であった。

2. 調査時期

2005年10月に実施した。

3. 調査手続

調査にあたっては，学校長・養護教諭に依頼，学級担任から質問紙を配布し，各学級にて集団で施行する方法をとった。

4. 調査内容

①心理的居場所感：前章で作成した心理的居場所感に関する項目から，安心感と被受容感に関する5項目を暫定的に使用し，酒井（2005）を参考に，母親・父親・親友に対する心理的居場所感をそれぞれ測定した。回答は，「いいえ（0点）」～「はい（4点）」の5件法で評定を求めた。

②抑うつ傾向：Birleson（1981）の子ども用抑うつ傾向尺度の日本語版18

項目（村田・清水・森・大島，1996）を使用した。回答は，「いつもそうだ（0点）」～「そんなことはない（2点）」の3件法で評定を求めた。

結果と考察

心理的居場所感に関する15項目に関して，因子分析（主因子法・Promax回転）を行った。固有値1以上の基準を設けた結果，3つの因子が抽出さ

Table5-1　心理的居場所感尺度の因子分析結果（Promax 回転後）

項目	Ⅰ	Ⅱ	Ⅲ
第1因子　父親（α =.93）			
あなたは，父親と一緒にいると安心できますか	.98	-.02	-.04
あなたは，父親と一緒にいて楽しいですか	.92	.01	-.06
あなたは，父親と一緒にいるとホッとしますか	.87	-.06	.06
あなたは，父親にありのままの自分を受け入れてもらっていると思いますか	.78	.04	.06
あなたにとって，父親は大切な人ですか	.60	.05	.14
第2因子　親友（α =.92）			
あなたは，親友と一緒にいて楽しいですか	.04	.94	-.10
あなたは，親友と一緒にいると安心できますか	-.05	.94	.03
あなたは，親友と一緒にいるとホッとしますか	.00	.81	.09
あなたにとって，親友は大切な人ですか	.02	.76	-.03
あなたは，親友にありのままの自分を受け入れてもらっていると思いますか	-.01	.75	.05
第3因子　母親（α =.93）			
あなたは，母親と一緒にいると安心できますか	-.01	-.06	.98
あなたは，母親と一緒にいるとホッとしますか	-.02	-.04	.95
あなたは，母親と一緒にいて楽しいですか	.03	.01	.89
あなたは，母親にありのままの自分を受け入れてもらっていると思いますか	.10	.06	.71
あなたにとって，母親は大切な人ですか	.03	.09	.65
累積寄与率			79.34%

れ，累積寄与率は79.34%であった。回転後の因子負荷量をTable5-1に示した。これより，各因子で高い負荷を示したのは，父親，親友，母親に対する心理的居場所感についての項目群であったことから，第1因子を「父親」に関する因子，第2因子を「親友」に関する因子，第3因子を「母親」に関する因子と命名した。因子間相関は，「父親」と「親友」で.32，「父親」と「母親」で.63，「親友」と「母親」で.43となり，いずれも弱から中程度の有意な正の相関が認められた。これらの結果より，心理的居場所感は，その対象が誰であるか，といった対象ごとに分化することが明らかとなった。

第3節　重要な他者に対する心理的居場所感と抑うつ傾向

目的

本研究では，中学生の心理的居場所感と抑うつ傾向との関連について，母親および父親に対する心理的場所感と抑うつ傾向との関連を検討するとともに，親友に対する心理的居場所感についても検討を行うことを目的とする。

方法

前節で収集したデータについて，作成した尺度に基づく分析を行った。

結果と考察

1. 心理的居場所感と抑うつ傾向との関連

まず，心理的居場所感と抑うつ傾向との関連について検討するため，両尺度の相関係数を算出した（Table5-2)。その結果，心理的居場所感の「母親」「父親」「親友」と抑うつ傾向との間にそれぞれ弱い有意な負の相関が認められた。これより，母親・父親・親友に対する心理的居場所感が高くなるほど抑うつ傾向が軽減するという可能性が示唆された。一般に，うつ病の誘因と

Table5-2
心理的居場所感と抑うつ傾向の相関

	抑うつ傾向
母親	-.22 **
父親	-.28 **
親友	-.36 **

**p<.01

して最も多いものが対人関係のストレスであり，とりわけ友達，家族，同級生，教師など「重要な他者」との関係が大きく関連していることが少なくないとされる（傳田，2004）ことから，これらの他者との関係性における心理的居場所感が抑うつ傾向に関連していることを示す本結果は，このことを裏づけるものであるといえる。

2. 両親に対する心理的居場所感と抑うつ傾向との関連

発達的視点からの検討を試みるため，心理的居場所感の各対象について，それぞれの項目平均値を基準とし，H 群（項目平均値以上）と L 群（項目平均値未満）に分類した。まず，人間関係の形成基盤となる対象である「母親」と「父親」の両者がもたらす心理的居場所感が抑うつ傾向に与える影響について検討するため，それぞれの H・L 群を独立変数，抑うつ傾向を従属変数とする二要因分散分析を行った（Table5-3）ところ，「母親」，「父親」の交互作用が有意であった。そこで，単純主効果の検定を行った結果，「母親」H 群において，「父親」の単純主効果が有意であった。また，「父親」H 群において，「母親」の単純主効果が有意であった。Bonferroni 法による多重比較の結果より，「母親」H 群において，「父親」H 群が L 群よりも抑うつ傾向が低く，「父親」H 群において，「母親」H 群が L 群よりも抑うつ傾向が低いことが示された。

これらの結果より，母親か父親どちらか一方に対する心理的居場所感のみ

Table5-3　両親に対する心理的居場所感の高低と抑うつ傾向

	母親Ｈ・父親Ｈ群 平均値（*SD*）	母親Ｈ・父親Ｌ群 平均値（*SD*）	母親Ｌ・父親Ｈ群 平均値（*SD*）	母親Ｌ・父親Ｌ群 平均値（*SD*）	母親 *F* 値	父親 *F* 値	交互作用 *F* 値
抑うつ傾向	.61（.32）	.80（.30）	.80（.32）	.77（.30）	5.52 *	5.69 *	10.98 **

*$p<.05$，**$p<.01$

が高い場合には抑うつ傾向が軽減されず，母親と父親双方に対する心理的居場所感が高い場合のみ抑うつ傾向が軽減されることが明らかとなった。つまり，母親に対しても父親に対しても心理的居場所感を抱けることが，精神的健康を良好にしている可能性が示唆された。

3. 両親に対する心理的居場所感および親友に対する心理的居場所感の高低と抑うつ傾向との関連

両親に対する心理的居場所感のタイプごとに，それぞれ「親友」の項目平均値を基準に設定したＨ群（項目平均値以上），Ｌ群（項目平均値未満）の抑うつ傾向の比較を行った（Table5-4）。

その結果，「母親」Ｈ・「父親」Ｈ群については，「親友」Ｈ群がＬ群よりも抑うつ傾向が有意に低かった。次に，「母親」Ｈ・「父親」Ｌ群および「母

Table5-4　両親間のタイプ別にみた親友に対する心理的居場所感の高低による抑うつ傾向

	母親Ｈ・父親Ｈ群			母親Ｈ・父親Ｌ群		
	親友Ｈ群 平均値（*SD*）	親友Ｌ群 平均値（*SD*）	*t* 値	親友Ｈ群 平均値（*SD*）	親友Ｌ群 平均値（*SD*）	*t* 値
抑うつ傾向	.58（.32）	.78（.28）	−3.32 **	.71（.29）	.98（.26）	−3.59 **

	母親Ｌ・父親Ｈ群			母親Ｌ・父親Ｌ群		
	親友Ｈ群 平均値（*SD*）	親友Ｌ群 平均値（*SD*）	*t* 値	親友Ｈ群 平均値（*SD*）	親友Ｌ群 平均値（*SD*）	*t* 値
抑うつ傾向	.65（.27）	.96（.28）	−4.10 **	.72（.32）	.80（.29）	−1.59

**$p<.01$

親」L・「父親」H群でも，「親友」H群がL群よりも抑うつ傾向は有意に低いことが示された。一方，「母親」L・「父親」L群では，「親友」の高低で抑うつ傾向に差は認められなかった。

これらの結果より，母親および父親に対する心理的居場所感がいずれも高い場合，もしくは母親か父親どちらか一方に対する心理的居場所感が高い場合には，親友に対する心理的居場所感の高さが抑うつ傾向を軽減させる可能性を持つことが明らかとなった。これに対し，母親にも父親にも心理的居場所感を抱けない場合には，たとえ親友に対して心理的居場所感を感じていたとしても，抑うつ傾向は軽減されないことも示唆された。住田（2003）によれば，親の肯定的評価や理解度が低く，親とのコミュニケーション頻度が低いと判断している子どもは，友達や自分一人の自室を居場所としている傾向があること，また，居場所は他者から拒否されたり，否定されたりすることによって，その場から逃避し，その他の関係性に指向するという消極的選択によって形成されるものではないことが指摘されている。本結果において，母親および父親に対する心理的居場所感を抱けない子どもは，親友に対する心理的居場所感が，住友（2003）の指摘する逃避や消極的選択としての居場所に相当している可能性がある。すなわち，ここでの親友に対する心理的居場所感は，宮下・石川（2005）の指摘する「一人じゃない」という安心感を必死で求め，所属しようとしがみついているものであると推測される。このような本来的な居場所ではない関係性に依拠することは，精神的健康を良好にするものではないことから，まず，子どもたちにとって最も身近な環境である家族という関係性の中で，心理的居場所感を感じられるようにしていくことが，外界の人間関係をより意味のあるものにしてくれると考えられる。

第４節　まとめ

本章では，対人関係における心理的居場所感に着目し，母親・父親・親友といった重要な他者に対する心理的居場所感を取り上げ，抑うつ傾向との関連を検討した。その結果，母親および父親に対する心理的居場所感がいずれも高い場合，もしくは母親か父親どちらか一方に対する心理的居場所感が高い場合には，親友に対する心理的居場所感の高さが抑うつ傾向を軽減させる可能性を持つことが明らかとなった。しかしながら，母親にも父親にも心理的居場所感を抱けない場合には，たとえ親友に対して心理的居場所感を感じていたとしても，抑うつ傾向が軽減されないことも示唆された。これらのことから，両親に対する心理的居場所感の抱き方のスタイルによって，親友に対する心理的居場所感の影響が異なることが明らかとなり，最も身近な環境である家族という関係性の中で，心理的居場所感を感じられることの重要性が示された。

では，こうした特徴は中学生特有のものなのであろうか。また，心理的居場所感と精神的健康に関連があるならば，心理的居場所感は中学生のみならず，青年期全般を通して必要なものなのではないだろうか。

そこで，第Ⅲ部・第Ⅳ部では，親友など他者の存在がより重要になる青年期後期においても中学生と同様の特徴がみられるのか，心理的居場所感の構造や機能は青年期前期と後期で異なるのか，といった課題について検討していくこととする。

第Ⅲ部　青年期における心理的居場所感の構造と発達

第6章　心理的居場所感尺度の開発

第1節　心理的居場所感尺度の開発および信頼性・妥当性の検討

目的

第Ⅱ部において，中学生における心理的居場所感の概念の整理を行うとともに，精神的健康との関連を明らかにした。しかしながら，家族以外の他者の存在が重要となる青年期後期においても，中学生と同様の特徴がみられるのか，心理的居場所感の構造や機能は青年期前期と後期で異なるのか，といった課題について検討していくために，さらに年齢層を拡大した研究を行う必要があると考えられる。そこで，こうした課題を検討していく上で，まず，青年期全般を通じて適用可能な尺度を作成する必要があるといえる。

第3章で示した通り，中学生における心理的居場所感は，安心感や被受容感といった感覚から成ることが明らかになったが，これ以降，対象を青年期後期まで拡大し，青年期全般に渡る心理的居場所感について検討を行うため，居場所の下位概念について再度整理しておくこととする。

これまでの研究において，心理的居場所と特に深く結びついている感情として，安心感の存在が挙げられてきた（岡村，2004；白井，1998；秦，2000；宮下・石川，2005；田島，2000；田中・田嶌，2004）。また，「自分が自分である」あるいは「自分らしくいられる」といった本来感（伊藤・児玉，2005）も同様に，心理的居場所感を構成するものであると指摘されてきた（北山，1993；小澤，2000；奥地，1991；田中，2002a）。さらに，第3章では，心理的居場所感がこれらとともに，「ありのままの自分を受け入れられる」といった被受容感から成ることも明らかになった。他方，秦（2000）や田島（2000）の研究では，「必要とされている」「役に立っている」と思えること，すなわち役割感を心理的居場所感の定義に組み込んだ検討がなされており，心理的居場所感が，ただ他者から与えられた環境の中での受動的感覚のみを指すものではなく，他者のためにできることがあり，他者から希求される存在でもあるという自己の能動的感覚をも含むものであることを示している。

前述の通り，第Ⅱ部では安心感，被受容感に着目して検討を行ってきたが，以上のように，先行研究では，心理的居場所感を構成する感覚として，安心感，本来感，被受容感，役割感といった下位概念が見出されていることから，対象を拡大することもふまえ，本来感，役割感を含めた下位概念を再度検討していくこととする。そこで，本章では，第Ⅱ部での成果に基づき，心理的居場所感を「心の拠り所となる関係性，および，安心感があり，ありのままの自分を受容される場があるという感情」とし，青年期全般を通じて適用可能な心理的居場所感尺度を作成すること，および，その信頼性・妥当性の検討を行うことを目的とする。

方法

1. 調査対象

①兵庫県内の中学生 330 名（男子 163 名，女子 166 名，無記入 1 名）。

②大阪府・大分県内の高校生 331 名（男子 135 名，女子 196 名）。

③兵庫県内の大学生 196 名（男子 79 名，女子 116 名，無記入 1 名），専門学校生 74 名（男子 23 名，女子 51 名）の計 270 名（男子 102 名，女子 167 名，無記入 1 名）。

2. 調査時期

2007 年 1 月～2 月に実施した。

3. 調査手続

①中学生：教育関係者を通じて学校長および担任に依頼し，各学級にて集団で施行する方法をとった。

②高校生：教育関係者を通じて学校長および担任に依頼し，各学級にて集団で施行する方法をとった。

③大学生・専門学校生：教員に依頼し，各授業にて集団で施行する方法をとった。また，時間内に回収できなかったものについては，後日郵送で回収を行った。さらに，並行して，知人を介して質問紙を配布，郵送によって後日回収する方法も用いた。

回答にあたっては，プライバシーは保護されること，調査以外に使用されることはないこと，回答が難しい場合は回答しなくてもよいことが紙面上で教示された。

4. 調査内容

①心理的居場所感：秦（2000），則定（2006a），白井（1997），富永・北山（2001）を参考に，青年期の心理的居場所感に関して，「安心感」「被受容感」「本来感」「役割感」の4概念を仮定し，40項目（安心感：「○○と一緒にいると，ホッとする」など10項目，「被受容感」：「○○に無条件に受け入れられている」など10項目，「本来感」：「○○と一緒にいると，自分らしくいられる」など10項目，「役割感」：「○○の役に立っている」など10項目）を作成した。項目の作成にあたっては，心理学を専門とする大学教員1名，博士課程の大学院生1名とともに数回の協議を通じて内容的妥当性の検討を行い，不適切と判断された項目については修正を施した。確定した40項目に関して，母親・父親・親友の三者について，それぞれ同一の項目で別々に回答を求めた。個々の事情を考慮し，教示文では，母親・父親に関して「母親（父親），あるいは母親（父親）に代わる人」という表現を用いた。回答は，「まったくそう思わない（1点）」～「とてもそう思う（5点）」の5件法で

評定を求めた。

②充実感：第3章において，「心の居場所がある」ときには，「楽しい」「リラックスできる」「気分が晴れる」といった感情が生起しやすいことが示唆された。こうした感情と類似するものとして，平石（1990）の「充実感」が挙げられることから，平石（1990）の自己肯定意識尺度のうち，「充実感」に関する6項目を使用した。回答は,「あてはまらない（1点)」～「あてはまる（5点)」の5件法で評定を求めた。

③家庭の雰囲気：中村（1999）によれば,「居場所がある」という感覚は，肯定的感情や気分の高揚を伴うような状況を親しい他者と共有している時に想起されやすいとされている。したがって，母親や父親に対して心理的居場所感を抱くことができれば，家庭の雰囲気を良好なものとして感じることが予測されるため，菅原・八木下・詫摩・小泉・瀬地山・菅原・北村（2002）による家庭の雰囲気尺度9項目を使用した。回答は，「いいえ（1点)」～「はい（4点)」の4件法で評定を求めた。

④主観的幸福感：竹森（1999）によれば,「居場所」には，生活することが許容され，時間が流れるという日常性があるとされることから，心理的居場所感が高ければ，生活に対する肯定的感情である主観的幸福感は高いことが予測される。そこで，西田（2000）を参考に,「あなたは現在どのくらい幸せを感じていますか」という単一項目に対し,「全く感じていない（1点)」～「とても感じている（10点)」の10件法で評定を求めた。

⑤生活満足度：第3章において,「心の居場所がない」ときには，日常生活への否定的な感情が生起しやすいことが示唆されたことから，心理的居場所感は生活への認知側面である生活満足度と関連が深いと考えられる。そこで，西田（2000）を参考に,「あなたは現在の生活にどのくらい満足していますか」という単一項目に対し,「満足していない（1点)」～「満足している（4点)」の4件法で評定を求めた。

結果と考察

1. 因子分析に基づく項目の選定

心理的居場所感尺度の構造を検討するため，40項目について因子分析を行った（Table6-1）。なお，前述のように，調査にあたっては，母親・父親・親友の三者について同一の内容で別々に回答を求めたが，項目内容が同じであるため，因子分析の際には母親・父親・親友を同一変数としてすべて組込んだ。母親・父親・親友をすべて組込んで分析を行ったのは，母親・父親・親友に対する心理的居場所感に共通する次元を見出し，その次元上での三者の異同を検討することに意味があると考えたからである。

因子分析（主因子法，Oblimin回転）後，因子負荷量.35を基準として，これより因子負荷量が低い項目，複数の因子に対して因子負荷量が高い項目を削除し，最終的に20項目を心理的居場所感の項目として確定した。この20項目について再度因子分析を行い（Table6-1），因子負荷量.35以上を各因子尺度の項目とした。第1因子は，「ありのままの自分を表現できる」「ありのままの自分でいいのだと感じる」といった項目から成るので，「本来感」に関する因子と命名した。第2因子は，「役に立っている」「支えになっている」といった項目から成るので，「役割感」に関する因子と命名した。第3因子は，「無条件に愛されている」「私を大切にしてくれる」といった項目から成るので，「被受容感」に関する因子と命名した。第4因子は，「ホッとする」「安心する」といった項目から成るので，「安心感」に関する因子と命名した。4因子の累積寄与率は，72.10％であった。得点化の際には，因子ごとに項目得点を合計し，それぞれの下位尺度得点とした。

下位尺度間には，.73～.88の高い有意な正の相関が認められた（Table6-2）。

Table6-1　心理的居場所感因子分析結果（oblimin 回転後）

	Ⅰ	Ⅱ	Ⅲ	Ⅳ
第1因子　本来感（α =.93）				
○○と一緒にいると，ありのままの自分を表現できる	.65	.17	.07	.13
○○と一緒にいると，ありのままの自分でいいのだと感じる	.58	.09	.23	.12
○○と一緒にいると，自分らしくいられる	.50	.05	.12	.33
○○と一緒にいると，心から泣いたり笑ったりできる	.36	.21	.05	.30
第2因子　役割感（α =.85）				
○○の役に立っている	-.01	.87	-.07	.02
○○の支えになっている	.20	.84	.05	-.03
○○から頼りにされている	-.05	.80	.07	.03
○○に対して，自分にしかできない役割がある	.13	.59	-.06	.00
○○のためにできることがある	.00	.56	.10	.13
○○と一緒にいると，自分のことを，かけがえのない人間なのだと感じる	.22	.44	.33	-.06
第3因子　被受容感（α =.92）				
○○に無条件に愛されている	.01	.01	.93	-.08
○○は，私を大切にしてくれる	-.05	.03	.79	.06
○○に無条件に受け入れられている	.10	-.01	.72	.08
○○は，いつでも私を受け入れてくれる	.12	.06	.70	.08
○○と一緒にいると，ここにいていいのだと感じる	.14	.01	.53	.26
○○に必要とされている	-.11	.33	.35	.14
第4因子　安心感（α =.95）				
○○と一緒にいると，ホッとする	-.01	.03	-.03	.93
○○と一緒にいると，安心する	-.01	.00	.10	.87
○○と一緒にいると，居心地がいい	.12	.07	.05	.73
○○と一緒にいると，くつろげる	.31	.08	.07	.53
累積寄与率　72.10%				

Table6-2　因子分析の下位尺度間相関

	①	②	③	④
①本来感	−			
②役割感	.75 **			
③被受容感	.84 **	.82 **		
③安心感	.88 **	.73 **	.86 **	−

$^{**}p<.01$

2. 信頼性の検討

心理的居場所感の全体および各下位尺度について，Cronbach の α 係数を算出したところ，心理的居場所感の全体尺度で .97，「本来感」で .93，「役割感」で .85，「被受容感」で .92，「安心感」で .95 であり，いずれも十分に高い値を示した。この結果より，本尺度において，十分に高い内的整合性が確認された。

3. 妥当性の検討

本研究における心理的居場所感尺度の因子分析結果は，心理的居場所感が仮定された 4 因子構造であることを支持するものであり，その因子的妥当性が認められたと考えられる。

次に，併存的妥当性を検討するため，充実感，家庭の雰囲気，主観的幸福感および生活満足度と，心理的居場所感の各下位尺度との相関係数を算出したところ（Table6-3），すべてにおいて弱から中程度の有意な正の相関が認め

Table6-3　各尺度と心理的居場所感の相関

	本来感	役割感	被受容感	安心感	全体
充実感	.45 **	.43 **	.42 **	.42 **	.47 **
家庭の雰囲気	.67 **	.54 **	.62 **	.66 **	.66 **
主観的幸福感	.48 **	.43 **	.50 **	.47 **	.51 **
生活満足度	.42 **	.36 **	.40 **	.41 **	.43 **

$^{**}p<.01$

られた。これらの結果から，心理的居場所感の下位尺度は共通して，充実感，家庭の雰囲気，主観的幸福感，生活満足度と関連があることが示唆され，その併存的妥当性が確認された。

第2節　まとめ

本章では，青年期全般を通じて適用可能な心理的居場所感尺度の開発，および，その信頼性・妥当性の検討を行った。その結果，「本来感」「役割感」「被受容感」「安心感」の4つの下位尺度から成る尺度が作成され，十分に高い内的整合性と併存的妥当性が確認された。

これより，次章以降では本章で作成された尺度を用い，青年期全般を対象とした心理的居場所感に関する検討を行うこととする。

第７章　重要な他者に対する心理的居場所感の発達

第１節　重要な他者に対する心理的居場所感のプライオリティの変化

目的

第１章で述べた通り，青年期は，両親からの心理的離乳という課題に直面し，対人関係の重心が家族から友人へと移行する時期である。斉藤（1996）によれば，この過程において，安全な居場所のない所で育った子どもは，共依存的な関係性の中に自己を作り上げ，ありのままの自己を見失ってしまうとされる。すなわち，この時期に家族や親友をはじめとする重要な他者との関係性の中に居場所があるか否かが非常に重要であるといえる。一方で，青年期は，この重要な他者をめぐる変化が大きい時期でもある。これに関して，西平（1990）は，第一次心理的離乳と第二次心理的離乳という概念を提唱し，前者を青年期前期における親からの離脱，依存性の払拭に重点をおくもの，後者を青年期後期における自律性に重心を移したものと捉えている。この第一次心理的離乳は，反抗を基本とし，外面的には独立の要求で動いているようにみえるが，なおも強い依存の要求によって動かされているものである。他方，第二次心理的離乳では，次第に自立，独立の方向に移行し，より客観的，自覚的になり，対等な人間関係として両親との絆を再び強めさえするとされる。したがって，同じ青年期であっても，重要な他者との関係をめぐる様相が異なることが示唆されるため，心理的居場所感についても，青年期を通じてどのような発達的変化があるのか検討していく必要がある。

また，両親や親友といった重要な他者に対する心性には，青年自身の性別と対象の性別の組合せによる差異がみられる可能性がある。特に，母—娘関係あるいは父—息子関係といった言葉に象徴されるように，同性の親，異性の親との関係性には，その性別に特有の性質が存在することが考えられる。そこで，本章では，重要な他者に対する心理的居場所感について，性差の検討を行うことを第１の目的とする。さらに，心理的居場所感の対人的要素に着目し，重要な他者との心理的居場所感の発達的変化について検討していくことを第２の目的とする。

方法

前章で収集したデータについて，作成した尺度に基づく分析を行った。

結果と考察

1. 心理的居場所感における性差

心理的居場所感における性差の検討を行うため，性別を独立変数，心理的居場所感の下位尺度を従属変数とする一要因分散分析を行った（Table7-1）。その結果，女子の方が男子より，母親，親友に対する心理的居場所感が高いことが明らかとなった。また，父親に対する心理的居場所感は，「被受容感」のみ女子の方が男子よりも高く，「本来感」「役割感」「安心感」については性差が認められないことが示唆された。

これらの結果は，女子の方が対人関係の上に成り立つ居場所感を十分に感じているとする秦（2000）の研究結果とほぼ一致するものであった。したがって，母親や親友といった重要な他者に対する心理的居場所感には顕著な性差が認められることが明らかとなり，青年期における重要な他者に対する心理的居場所感を検討する際に，性別を独立して扱う意義が見出されたといえる。

Table7-1　心理的居場所感における性差の検討

	男性	女性	
	平均（*SD*）	平均（*SD*）	*F* 値
母親に対する本来感	3.16（.96）	3.59（1.10）	32.70 **
母親に対する役割感	3.20（.85）	3.33（.93）	4.17 *
母親に対する被受容感	3.51（.91）	3.86（.98）	26.37 **
母親に対する安心感	3.42（.96）	3.87（1.05）	35.73 **
父親に対する本来感	2.93（1.02）	3.04（1.06）	2.10
父親に対する役割感	3.05（.91）	2.98（.93）	1.15
父親に対する被受容感	3.31（.97）	3.53（1.00）	9.14 **
父親に対する安心感	3.15（1.07）	3.12（1.07）	.15
親友に対する本来感	3.84（.93）	4.23（.90）	33.74 **
親友に対する役割感	3.51（.84）	3.74（.85）	13.27 **
親友に対する被受容感	3.57（.85）	4.01（.85）	49.28 **
親友に対する安心感	4.03（.86）	4.43（.74）	46.71 **

$^{*}p<.05$,　$^{**}p<.01$

2. 重要な他者に対する心理的居場所感におけるプライオリティの変化

青年期における心理的居場所感の発達的変化について検討するために，対象の３水準（母親，父親，親友）と各学校段階の３水準（中学生，高校生，大学・専門学校生）を独立変数，心理的居場所感の下位尺度を従属変数とする二要因分散分析を行った。なお，母親，親友において心理的居場所感の下位尺度得点に性差が認められたため，以下の分析は男女別に行った（Table7-2, 7-3）。

まず，男子に関する結果では，すべての下位尺度得点において対象と学校段階の交互作用が有意であった。そこで，各下位尺度に関して，各学校段階別に対象の３水準について単純主効果の検定を行ったところ，中学生において，「本来感」「役割感」「安心感」では親友＞母親＝父親であり，「被受容感」では対象間に有意な差は認められなかった。高校生において，「本来感」「役割感」「安心感」では親友＞母親＞父親，「被受容感」では親友＝母親＞

Table7-2　重要な他者に対する心理的居場所感のプライオリティの変化（男子）

	中学生		高校生		大学・専門学校生		学校段階	対象	交互作用
	平均値	(*SD*)	平均値	(*SD*)	平均値	(*SD*)	*F* 値	*F* 値	*F* 値
母親に対する本来感	3.15	(.97)	3.17	(1.00)	3.14	(.94)			
父親に対する本来感	3.05	(1.05)	2.87	(1.09)	2.88	(.87)	.22	118.06 **	4.72 **
親友に対する本来感	3.61	(1.02)	3.95	(.87)	3.97	(.87)			
母親に対する役割感	3.10	(.93)	3.13	(.88)	3.44	(.69)			
父親に対する役割感	3.08	(.96)	2.95	(.97)	3.17	(.82)	1.78	39.84 **	2.51 *
親友に対する役割感	3.49	(1.01)	3.62	(1.16)	3.57	(.77)			
母親に対する被受容感	3.33	(.95)	3.44	(.91)	3.86	(.76)			
父親に対する被受容感	3.29	(.95)	3.17	(1.04)	3.53	(.85)	5.52 **	13.17 **	4.58 **
親友に対する被受容感	3.49	(.94)	3.70	(.97)	3.64	(.82)			
母親に対する安心感	3.39	(.98)	3.39	(.96)	3.62	(.87)			
父親に対する安心感	3.30	(1.04)	3.05	(1.12)	3.14	(1.00)	1.77	110.79 **	4.94 **
親友に対する安心感	3.84	(.98)	4.08	(.79)	4.24	(.74)			

$^{*}p<.05$, $^{**}p<.01$

Table7-3　重要な他者に対する心理的居場所感のプライオリティの変化（女子）

	中学生		高校生		大学・専門学校生		学校段階	対象	交互作用
	平均値	(*SD*)	平均値	(*SD*)	平均値	(*SD*)	*F* 値	*F* 値	*F* 値
母親に対する本来感	3.57	(1.06)	3.68	(1.06)	3.60	(1.13)			
父親に対する本来感	3.01	(1.02)	3.12	(1.14)	2.96	(.98)	2.55	239.59 **	.66
親友に対する本来感	4.14	(.90)	4.39	(.85)	4.12	(.93)			
母親に対する役割感	3.27	(.96)	3.30	(.86)	3.42	(.95)			
父親に対する役割感	2.94	(.90)	3.03	(1.07)	3.00	(.92)	.86	140.66 **	. 99
親友に対する役割感	3.63	(.93)	3.80	(.85)	3.74	(.82)			
母親に対する被受容感	3.57	(.96)	3.89	(.95)	4.09	(.94)			
父親に対する被受容感	3.27	(.96)	3.52	(1.01)	3.69	(.99)	11.60 **	58.30 **	2.67
親友に対する被受容感	3.77	(.90)	4.15	(.79)	4.04	(.80)			
母親に対する安心感	3.74	(1.07)	3.93	(.99)	3.95	(1.06)			
父親に対する安心感	3.12	(.99)	3.12	(1.15)	3.16	(1.03)	1.43	297.06 **	2.00
親友に対する安心感	4.34	(.78)	4.56	(.70)	4.34	(.77)			

$^{**}p<.01$

父親であった。大学・専門学校生において，「本来感」「安心感」では親友＞母親＞父親，「役割感」では母親＝親友＞父親，「被受容感」では母親＞父親という結果であった。

次に，対象別に学校段階の３水準について単純主効果の検定を行ったところ，母親に対する心理的居場所感において，「被受容感」「役割感」では中学生＝高校生＜大学・専門学校生であり，「本来感」「安心感」では有意な差は認められなかった。父親に対する心理的居場所感において，「被受容感」で高校生＜大学・専門学校生であった。親友に対する心理的居場所感において，「本来感」では中学生＜高校生＝大学・専門学校生であり，「安心感」では中学生＜大学・専門学校生であった。

一方，女子に関する結果では，すべての下位尺度得点において対象と学校段階の有意な交互作用が認められず，すべての下位尺度において対象の主効果が有意であった。多重比較（Bonferroni 法）を行ったところ，すべての下位尺度において親友＞母親＞父親であった。また，「被受容感」では学校段階の主効果が有意であり，多重比較（Bonferroni 法）を行ったところ，中学生＜高校生＝大学・専門学校生であった。

これらの結果より，重要な他者に対する心理的居場所感のプライオリティは，性別によって異なる様相を示すことが明らかとなった。まず，男子では，学校段階によって重要な他者のプライオリティが変化することが示唆された。すなわち，中学生において，最も心理的居場所感が高いのは概して親友であり，両親間には差異が認められないことが明らかとなった。これに対し，高校生においては，概して親友，母親，父親の順に心理的居場所感が高くなり，大学・専門学校生においては，各下位尺度によってプライオリティの様相が異なることが示された。一方，女子では，対象と学校段階の交互作用が有意でなく，すべての下位尺度において対象の主効果が有意であったことから，青年期を通じて重要な他者のプライオリティは変化せず，一貫して親友，母親，父親の順に心理的居場所感が高くなることが示唆された。

これに関して，先行研究では，青年期の親子関係および友人関係には性差がみられることが示唆されてきた（Buhrmester, 1996；榎本，1999；落合・佐藤，1996a；落合・佐藤，1996b）。例えば，青年期の親子関係に関して，落合（1996a）は，母娘関係において，子どもが困った時に親が支援する関係が顕著にみられることを報告している。また，友人関係に関して，Buhrmester（1996）が，男子は友人同士でスポーツや競争的なゲームなどの力，行動，支配を中心とした活動や会話が多く，女子は自己開示や親密性を重視した交流，共有を中心とした活動や会話が多いことを示唆している。さらに，男子は自分に自信を持ち，友人と自分が異なる存在であることを認識した付き合いをしているのに対し，女子は友人と理解し合い，共感し，共鳴し合うといった付き合い方をしているといった報告（落合・佐藤，1996b）や，男子は友人関係にライバル意識や葛藤を，女子は友人関係に信頼や安定といった感情的側面を抱く傾向が高いという報告（榎本，1999）もなされている。

これらのことから，重要な他者との関係性においては，対象に応じて，それぞれの性別に特有の親密さや葛藤が生じると考えられる。本研究において，男子の場合，発達に伴って下位尺度別にプライオリティが複雑に分化していく結果となったのは，母親および親友との関係が女子のような親密なものではなく，独立した友人および親子関係であることによるのではないかと推察される。つまり，男子は年齢とともに，重要な他者ごとにその存在価値，すなわち対象に対して抱く心理的居場所感が変化していくものと考えられる。一方，女子の場合，すべての下位尺度および心理的居場所感全体でプライオリティが一貫していたのは，女子の母―娘関係および友人関係が，青年期全般を通じて安定して情緒的かつ親密な状態であるからではないかと推察される。

第 2 節　重要な他者に対する心理的居場所感の発達的変化

目的

ここで，それぞれの対象に対して，「安心感」「被受容感」「本来感」「役割感」のどの概念が，いつ，どのような特徴を持つのかを詳細に把握できれば，その年齢に応じた関わりの仕方に有益な示唆を与えることができると考えられることから，本研究では，重要な他者に対する心理的居場所感において，「本来感」「役割感」「被受容感」「安心感」が青年期を通じてどのような変化を遂げるのかを検討することとする。

方法

前章で収集したデータについて，作成した尺度に基づく分析を行った。

結果と考察

青年期における心理的居場所感の発達的変化について検討するために，男女別に学校段階の 3 水準と構成次元の 4 水準を独立変数，対象ごとの心理的居場所感の下位尺度を従属変数とする二要因分散分析を行った（Figure7-1, 7-2, 7-3, 7-4, 7-5, 7-6）ところ，まず，男子の母親に対する心理的居場所感においては，学校段階と構成次元の交互作用が有意であった。そこで，学校段階別に構成次元の 4 水準に関して単純主効果の検討を行ったところ，中学生において「被受容感」＝「安心感」＞「本来感」＝「役割感」，高校生において「被受容感」＞「安心感」＞「本来感」＝「役割感」，大学・専門学校生において「被受容感」＞「安心感」＞「役割感」＞「本来感」であった。次に，構成次元別に学校段階の 3 水準に関して単純主効果の検討を行ったところ，「役割感」・「被受容感」では大学・専門学校生＞高校生・中学生

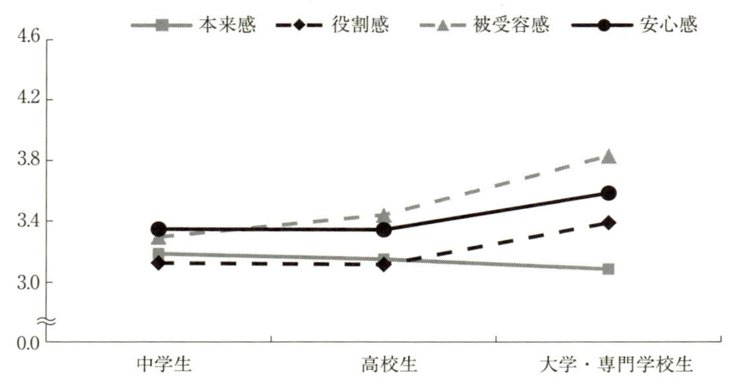

Figure7-1　母親に対する心理的居場所感（男子）

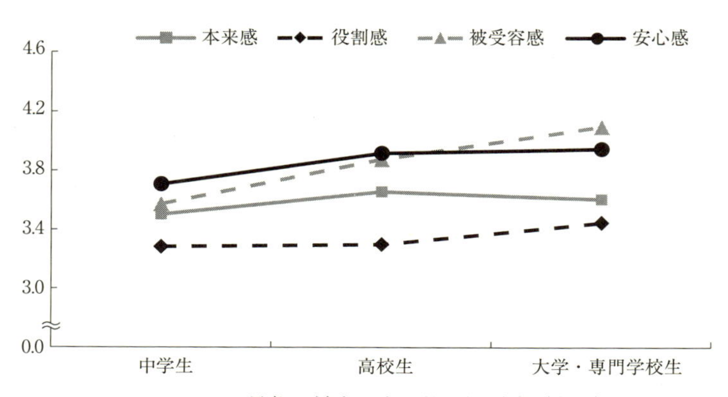

Figure7-2　母親に対する心理的居場所感（女子）

であった。

女子の母親に対する心理的居場所感において，学校段階と構成次元の交互作用が有意であった。そこで，学校段階別に構成次元の４水準に関して単純主効果の検討を行ったところ，中学生では「安心感」＞「本来感」＝「被受容感」＞「役割感」，高校生では「被受容感」＝「安心感」＞「本来感」＞「役割感」，大学・専門学校生では「被受容感」＞「安心感」＞「本来感」＞「役割感」であった。次に，構成次元別に学校段階の３水準に関して単純主効果の検討を行ったところ，「被受容感」では大学・専門学校生＞高校生＞中学生であった。

男子の父親に対する心理的居場所感において，学校段階と構成次元の交互作用が有意であった。そこで，学校段階別に構成次元の４水準に関して単純主効果の検討を行ったところ，中学生では「被受容感」＝「安心感」＞「本来感」＝「役割感」，高校生では「被受容感」＞「安心感」＞「本来感」，「被受容感」＞「役割感」，大学・専門学校生では「被受容感」＞「役割感」＝「安心感」＞「本来感」であった。次に，構成次元別に学校段階の３水準に関して単純主効果の検討を行ったところ，「被受容感」では大学・専門学校生＞高校生・中学生，「安心感」では中学生＞高校生であった。

女子の父親に対する心理的居場所感において，学校段階と構成次元の交互作用が有意であった。そこで，学校段階別に構成次元の４水準に関して単純主効果の検討を行ったところ，中学生では「被受容感」＞「安心感」＞「本来感」＝「役割感」，高校生では「被受容感」＞「本来感」＞「役割感」，「被受容感」＞「安心感」，大学・専門学校生では「被受容感」＞「安心感」＞「本来感」，「被受容感」＞「役割感」であった。次に，構成次元別に学校段階の３水準に関して単純主効果の検討を行ったところ，「被受容感」では大学・専門学校生＞中学生であった。大学・専門学校生と高校生，高校生と中学生との間には有意な差が認められなかった。

男子の親友に対する心理的居場所感において，学校段階と構成次元の交互

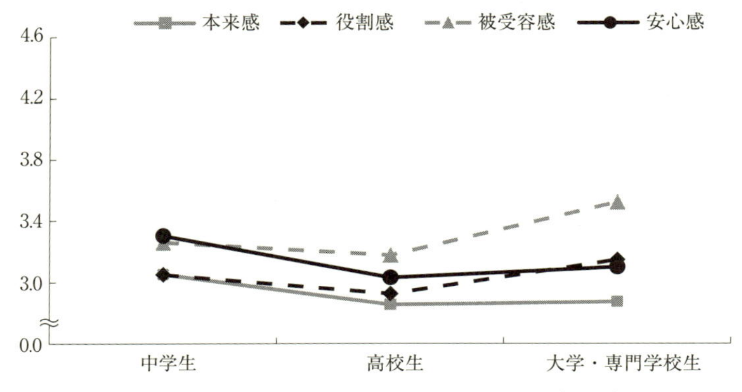

Figure7-3　父親に対する心理的居場所感（男子）

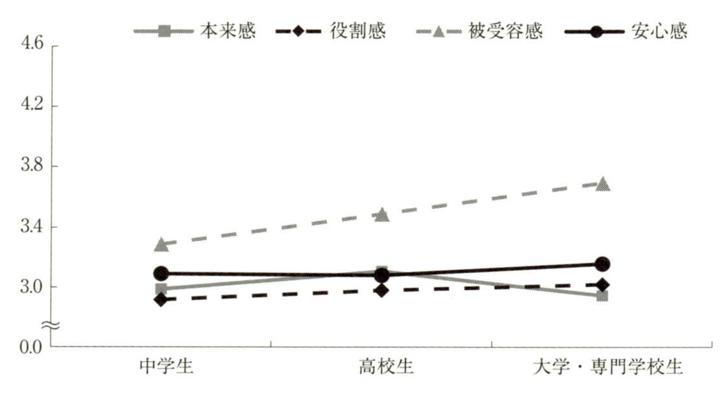

Figure7-4　父親に対する心理的居場所感（女子）

作用が有意であった。そこで，学校段階別に構成次元の4水準に関して単純主効果の検討を行ったところ，中学生では「安心感」＞「本来感」＞「役割感」＝「被受容感」，高校生では「安心感」＞「本来感」＞「被受容感」＞「役割感」，大学・専門学校生では「安心感」＞「本来感」＞「役割感」＝「被受容感」であった。次に，構成次元別に学校段階の3水準に関して単純主効果の検討を行ったところ，「本来感」・「安心感」では大学・専門学校生＝高校生＞中学生であった。

女子の親友に対する心理的居場所感において，学校段階と構成次元の交互作用が有意であった。そこで，学校段階別に構成次元の4水準に関して単純主効果の検討を行ったところ，中学生では「安心感」＞「本来感」＞「被受容感」＞「役割感」，高校生では「安心感」＞「本来感」＞「被受容感」＞「役割感」，大学・専門学校生では「安心感」＞「本来感」＞「被受容感」＞「役割感」であった。次に，構成次元別に学校段階の3水準に関して単純主効果の検討を行ったところ，「本来感」・「安心感」では高校生＞大学・専門学校生＝中学生であった。「被受容感」では大学・専門学校生・高校生＞中学生であった。

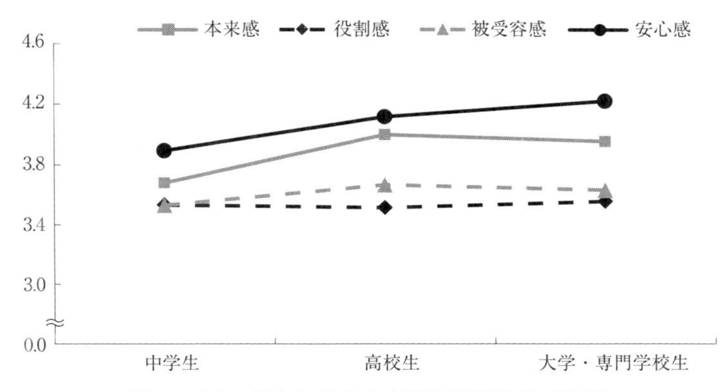

Figure7-5　親友に対する心理的居場所感（男子）

これらの結果より，以下の３つの点が明らかとなった。

第１に，母親に対する心理的居場所感において，男子では「被受容感」「役割感」が大学・専門学校生で高くなるのに対し，女子では「被受容感」が中学生，高校生，大学・専門学校生の順に高くなっていた。また，父親に対する心理的居場所感において，男子では「安心感」が高校生で低くなり，大学・専門学校生ではその傾向を維持しているのに対し，「被受容感」は母親に対する場合と同様に，大学・専門学校生で高くなっていた。一方，女子では「本来感」「役割感」「安心感」が全学校段階を通じて一貫して低い得点を示すのに対し，「被受容感」のみが学校段階に応じて段階的に高くなっていた。

本研究の対象となった青年期の親子関係に関して，西平（1990）は，青年期後期の心理的離乳を第二次心理的離乳とし，行動は両親から独立・離反するものの，内面的には親和的，建設的になることを指摘している。本結果において，両親に対する心理的居場所感のうち，「被受容感」が男女とも大学・専門学校生になると高まる傾向にあったことは，こうした第二次心理的離乳の現れによるものであると考えられる。

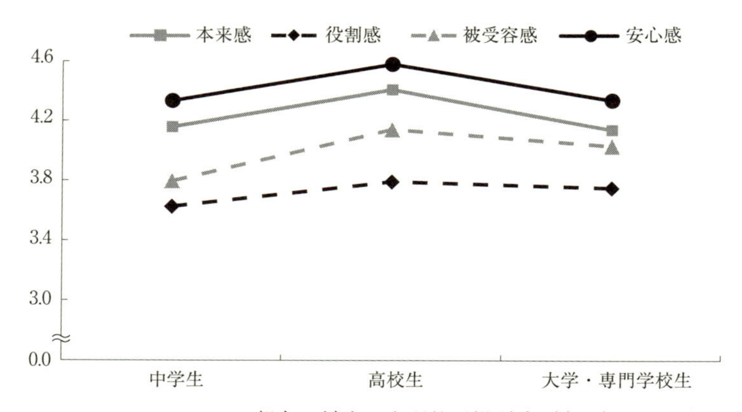

Figure7-6　親友に対する心理的居場所感（女子）

他方，女子では全体的傾向として，学校段階とともに母親に対する心理的居場所感が高くなる傾向がみられた。この母―娘関係に関して，福島（1992）は，女性にとって母親との関係が幼少期だけでなく青年期以降も重要であり続けることを示唆している。また，青年期における母親との良好な関係は，後の結婚や出産といった出来事に対処するための助けを得るために必要なことである（北村・無藤，2001）ともされ，本結果の背景にはこうした母―娘関係の特徴があるものと考えられる。

第2に，親友に対する心理的居場所感において，男子では「安心感」「本来感」が高校生で高くなり，大学・専門学校生ではその傾向を維持しているのに対し，女子では「安心感」「本来感」ともに高校生が最も高く，大学・専門学校生では再び低くなるという様相を示していた。

これに関して，これまでの研究では，対人関係の発達において，加齢とともに親友の存在が重視されるようになることが示唆されてきた（酒井，2005）が，本結果より，こうした親友との関係性の中で，「安心感」「本来感」といった感情が，中学生から高校生への移行期にとりわけ高まることが明らかとなった。また，酒井（2005）は，児童期から青年期にかけての重要な他者として，親から親友へ，親友から恋人へと重要度が移行することを指摘しており，本結果において，女子では親友に対する心理的居場所感の中で「安心感」「本来感」が高校生で上昇し，大学生で下降する背景には，これらの感情を抱く対象が親友から恋人に移行している可能性が考えられる。しかしながら，本研究では恋人との心理的居場所感を測定していないことから，今後，恋人との心理的居場所感を測定した上で詳細な検討を行う必要があるといえる。

第3に，母親および父親に対する心理的居場所感において，全学校段階を通じて，男女ともに概して「被受容感」「安心感」が「役割感」「本来感」よりも高いが，親友に対する心理的居場所感においては，全学校段階を通じて，男女ともに「安心感」＞「本来感」＞「被受容感」＞「役割感」であった。これらの結果は，両親および親友に対する心理的居場所感は共通して「安心感」が高いことに加え，両親に対しては「被受容感」，親友に対しては「本来感」が高いことを示唆するものである。

以上のことから，青年期における重要な他者に対する心理的居場所感においては，共通して「安心できる」という感情を持てるとともに，両親に対しては「受け入れられている」という感情，親友に対しては「ありのままの自分でいられる」という感情を強く抱いていることが明らかとなり，対象によって強く抱く感情が異なっていることが示唆された。したがって，青年期における援助を考える際には，こうした発達段階における差異を考慮しながら，人間関係の環境調整を行っていく必要があると考えられる。

第３節　まとめ

本章では，重要な他者に対する心理的居場所感について，性差および発達的変化を明らかにした。また，「本来感」「役割感」「被受容感」「安心感」が青年期を通じてどのような差異がみられるのか検討した結果，性別や対象，学校段階によって，心理的居場所感の抱き方が異なることが示唆された。

そこで，第８章・第９章では，こうした心理的居場所感が精神的健康および心理的側面にどのような影響を与えるのか，その機能についての検討を行うこととする。

第Ⅳ部　青年期における心理的居場所感の機能

第8章　心理的居場所感が抑うつ傾向に及ぼす影響
——防御機能としての心理的居場所感——

第1節　青年期における抑うつ傾向

第5章において，中学生の心理的居場所感と抑うつ傾向に関連がみられることが示唆されたが，中学生のみならず，青年が直面する共通の心理的問題の1つとして，この抑うつ傾向に対する関心が高まっている。特に，近年，若年層における抑うつ傾向の割合やうつ病性障害の有病率が上昇していることが指摘されており（江口・水谷・西田・上松・高井・若林，1990；Lewinsohn, Hops, Roberts, Seeley, & Andrews, 1993；Reinherz, Giaconia, Hauf, Wasserman, & Silverman, 1999），臨床的なレベルでの児童・青年期のうつ病は，方法やサンプルによって変動はあるものの，欧米では児童期で0.5～2.5％，青年期で2～8％程度出現することが明らかになっている（Harrington, Bredenkamp, Groothues, Rutter, Fudge, & Pickles, 1994）。

青年期の抑うつ症状は，学業パフォーマンス，社会的不適応，薬物使用，自殺企図，自殺といった行動との関連がみられ（National Health and Medical Research Council, 1997），現在の不適応と関連しているだけでなく，後のうつ病性障害の発症率をも上昇させる（Weissman, Wolk, Goldstein, Moreau, Adams, Greenwald, Kiler, Ryan, Dahl, & Wickramaratne, 1999）。一方，若年層のうつ病には，成人のうつ病とは異なる特有の症状があることが指摘されている（田中，2006）。例えば，気分の落ち込みがいらいら感や攻撃的な行動として出現したり，頭痛や腹痛といった身体症状として訴えられたりすることも珍しくなく（傳田，2002），加えて，自分の症状を上手く伝えられないことから，その背景に潜むうつ病を周囲は感知しにくいとされる（田中，2006）。また，児童・思春期に抑うつ状態であった子どもや，うつ病に罹患した子どもを長期にわたって追跡した研究では，その後の青年期や成人期での自殺・自殺企図・うつ病罹患の高さが示唆されている（Harrington et al., 1994 など）。

こうしたことから，青年期の抑うつは決して見過ごすことのできないものであると考えられ，抑うつ傾向やうつ病の早期発見や介入を行うためにも，これらの発現メカニズムや重症度に影響する要因を検討する必要がある（石川ほか，2006；田中，2006）。そこで本章では，若年層を含む対象として，中学生から大学・専門学校生までを取り上げ，この抑うつ傾向について検討を行うこととする。

これまでの研究において，抑うつ傾向やうつ病のリスク要因として，心理社会的要因であるネガティブライフイベントの経験が関連しているとされてきた（Hammen，1992）。とりわけ青年期になると，家族との関係性が変化するとともに，友人をはじめとした対人関係の広がりをも経験することになるため，こうした過程において，家族あるいは社会的な対人関係もストレスフルな出来事として体験されることが少なくなく，家庭内外のネガティブライフイベントが抑うつ傾向に関連することが知られている（Hammen，1992）。そこで，本研究では，抑うつ傾向のリスク要因の１つとして対人関係におけるネガティブライフイベントを取り上げることとする。

しかしながら，こういったリスク要因の影響力は一定ではなく，どの程度の影響力を持っているかは，家庭環境，遺伝的要素，日常的な機能レベルなど，その他の要素によって異なり（Cummings，Davies，Campbell，2000），リスク要因を有するにも関わらず，不適応状態に至らずに適応できる者も存在している。こうした適応上の相違を説明する要因の１つに，青年が経験するネガティブライフイベントの影響を調整する防御要因が存在していることが考えられ，酒井ほか（2002）によれば，思春期の抑うつ傾向を助長するネガティブライフイベントを経験した際に，親やきょうだいへの対人的信頼感が防御的な要因となり，抑うつ傾向の悪化を防止できることが報告されている。

第5章において，中学生の抑うつ傾向と重要な他者に対する心理的居場所感との関連について検討した結果，母親，父親および親友に対する心理的居場所感の高さが抑うつ傾向を軽減させることが明らかとなったことから，対人的信頼感と同様に，重要な他者に対する心理的居場所感は，たとえネガティブライフイベントを経験したとしても抑うつ傾向を悪化させないための防御機能を有する可能性があると考えられる。

また，こうした抑うつ傾向を助長するネガティブライフイベントの経験とその防御要因について検討した従来の研究は，成人あるいは青年期後期を対象としたものが多いが，抑うつの予防や早期の有効な介入を行うためにも，青年期全般を対象とし，抑うつ傾向の悪化に対する防御要因としての心理的居場所感の機能を検討していくことが必要である。

第2節　ネガティブライフイベントと抑うつ傾向の関連

目的

本章では，ネガティブライフイベントの経験および重要な他者に対する心理的居場所感と抑うつ傾向との関連を検討することを目的とする。具体的には，ネガティブライフイベントとして，この年齢で最も重要な課題となる対人関係上の出来事を取り上げ，中学生，高校生，大学・専門学校生を対象に，ネガティブライフイベントを経験した際，どの対象に対する心理的居場所感が抑うつ傾向悪化の防御要因になるのかを検討していくこととする。

方法

1. 調査対象

①兵庫県内の中学生 542 名（男子 287 名，女子 255 名）。

②兵庫県内の高校生 201 名（男子 109 名，女子 86 名，無記入 6 名）。

③兵庫県内の国立大学生 279 名（男子 158 名，女子 121 名），私立大学生 95 名（男子 42 名，女子 53 名），専門学校生 76 名（男子 25 名，女子 51 名）の計 450 名（男子 225 名，女子 225 名）。

2. 調査時期

①中学生：2007 年 6 月に実施した。

②高校生：2007 年 7 月～ 11 月に実施した。

③大学・専門学校生：2007 年 5 月に実施した。

3. 調査手続

①中学生：教育関係者を通じて学校長および担任に依頼し，各学級にて集団で施行する方法をとった。

②高校生：教育関係者を通じて学校長および担任に依頼し，各学級にて集団で施行する方法をとった。

③大学生・専門学校生：教員に依頼し，各授業にて集団で施行する方法をとった。

回答にあたっては，プライバシーは保護されること，調査以外に使用されることはないこと，回答が難しい場合は回答しなくてもよいことが紙面上で教示された。

4. 調査内容

①ネガティブライフイベント：高比良（1998）が作成した対人・達成領域別

ライフイベント尺度の中から，対人領域のネガティブライフイベント短縮版15項目を使用した。なお，中学生用調査用紙に関しては，教育関係者との協議の結果，尺度項目の「恋人」という表現を削除した。項目表現の変更は，本尺度作成者の了承を得て行った。回答は，過去3ヶ月間にネガティブライフイベントを経験したか否かについて，「経験しない」「経験した」の2件法で評定を求めた。得点化の際には，全15項目について，「ある」と回答した項目数をカウントすることで「ネガティブライフイベント経験数」とした。

②心理的居場所感：第6章で作成した心理的居場所感尺度20項目を使用した。この20項目に関して，母親・父親・親友の三者について，それぞれ同一の項目で別々に回答を求めた。個々の事情を考慮し，教示文では，母親・父親に関して「母親（父親），あるいは母親（父親）に代わる人」という表現を用いた。回答は，「まったくそう思わない（1点）」～「とてもそう思う（5点）」の5件法で評定を求めた。

③抑うつ傾向：中学生用調査用紙では，Birleson（1981）が作成したChild Depression Self-rating Scaleの日本語版18項目（村田ほか，1996）を使用した。回答は，「そんなことはない（0点）」～「いつもそうだ（2点）」の3件法で評定を求めた。

高校生用調査用紙および大学・専門学校生用調査用紙では，Radloff（1977）が作成した自己評価尺度（the Center for Epidemiologic Studies Depression Scale：CES-D Scale）の日本語版20項目（島・鹿野・北村・浅井，1985）を使用した。回答は，過去1ヶ月以内の心身の状態について，「全くない・あったとしても1日も続かない（1点）」「週1～2日（2点）」「週3～4日（3点）」「週5日以上（4点）」の4件法で評定を求めた。

結果と考察

1. 基礎統計量

学校段階別に，ネガティブライフイベント経験数の平均値および*SD*と各尺度の項目平均値および*SD*を算出した（Table8-1，8-2，8-3）。

Table8-1　各尺度の平均値および*SD*（中学生）

	男子		女子	
	平均値	(*SD*)	平均値	(*SD*)
ネガティブライフイベント経験数	4.05	(3.63)	4.80	(1.10)
母親に対する心理的居場所感	2.94	(.96)	3.46	(.93)
父親に対する心理的居場所感	2.85	(.98)	2.96	(.98)
親友に対する心理的居場所感	3.68	(.73)	4.06	(1.05)
抑うつ傾向	.63	(.31)	.70	(1.06)

Table8-2　各尺度の平均値および*SD*（高校生）

	男子		女子	
	平均値	(*SD*)	平均値	(*SD*)
ネガティブライフイベント経験数	5.45	(3.91)	4.63	(3.20)
母親に対する心理的居場所感	2.98	(.91)	3.65	(.91)
父親に対する心理的居場所感	2.60	(1.03)	3.12	(.98)
親友に対する心理的居場所感	3.66	(.80)	4.03	(.65)
抑うつ傾向	.90	(.45)	.87	(.41)

Table8-3　各尺度の平均値および*SD*（大学・専門学校生）

	男子		女子	
	平均値	(*SD*)	平均値	(*SD*)
ネガティブライフイベント経験数	5.40	(3.41)	5.67	(3.81)
母親に対する心理的居場所感	3.26	(.83)	3.65	(.90)
父親に対する心理的居場所感	2.96	(.93)	3.16	(1.01)
親友に対する心理的居場所感	3.88	(.60)	4.15	(.57)
抑うつ傾向	.77	(.41)	.83	(.47)

2. ネガティブライフイベントおよび心理的居場所感と抑うつ傾向の関連

ネガティブライフイベント経験数および重要な他者に対する心理的居場所感と抑うつ傾向の関連について検討するために，学校段階別に各尺度の相関係数を算出した（Table8-4，8-5，8-6）。

Table8-4　各尺度間の相関（中学生）

	①	②	③	④	⑤
①ネガティブライフイベント経験数	−	−.04 **	.01	.01	.32 **
②母親に対する心理的居場所感	−.24 **	−	.71 **	.35 **	−.40 **
③父親に対する心理的居場所感	−.16 *	.55 **	−	.26 **	−.38 **
④親友に対する心理的居場所感	−.17 *	.35 **	.18 **	−	−.16 *
⑤抑うつ傾向	.40 **	−.48 **	−.35 **	−.27 **	−

上段：男子　下段：女子　　*p<.05　**p<.01

Table8-5　各尺度間の相関（高校生）

	①	②	③	④	⑤
①ネガティブライフイベント経験数	−	−.23 *	−.20	−.27 *	.43 *
②母親に対する心理的居場所感	−.12	−	.58 **	.23 *	−.16
③父親に対する心理的居場所感	−.18	.61 **	−	.33 **	−.31 **
④親友に対する心理的居場所感	−.12	.26 *	.34 **	−	−.21
⑤抑うつ傾向	.24 *	−.30 **	−.23 *	−.32 **	−

上段：男子　下段：女子　　*p<.05　**p<.01

Table8-6　各尺度間の相関（大学・専門学校生）

	①	②	③	④	⑤
①ネガティブライフイベント経験数	−	−.21 **	−.18 **	−.52	.29 **
②母親に対する心理的居場所感	−.17 *	−	.71 **	.35 **	−.20 **
③父親に対する心理的居場所感	−.14 *	.62 **	−	.29 **	−.27 **
④親友に対する心理的居場所感	−.17 *	.39 **	.46 **	−	−.06
⑤抑うつ傾向	.35 **	−.30 **	−.37 **	−.22 **	−

上段：男子　下段：女子　　*p<.05，**p<.01

まず，ネガティブライフイベント経験数と抑うつ傾向について，中学生では，男子で弱い，女子で中程度の有意な正の相関が認められた。また，高校生では，男子で中程度，女子で弱い有意な正の相関が認められた。大学・専門学校生では，男女ともに弱い有意な正の相関が認められた。これらのことから，学校段階を問わず，ネガティブライフイベント経験数と抑うつ傾向との間には関連があることが示唆された。

次に，重要な他者に対する心理的居場所感と抑うつ傾向について，中学生では，男女ともに母親および父親に対する心理的居場所感と抑うつ傾向との間に弱から中程度の有意な負の相関，親友に対する心理的居場所感と抑うつ傾向との間に弱い有意な負の相関が認められた。また，高校生では，男子において父親に対する心理的居場所感と抑うつ傾向との間に弱い有意な負の相関が認められた。一方，女子においては母親・父親および親友に対する心理的居場所感と抑うつ傾向との間に弱い有意な負の相関が認められた。大学・専門学校生では，男子において母親および父親に対する心理的居場所感と抑うつ傾向との間に弱い有意な負の相関が認められた。一方，女子においては母親・父親および親友に対する心理的居場所感と抑うつ傾向との間に弱から中程度の有意な負の相関が認められた。これらのことから，学校段階を問わず，重要な他者に対する心理的居場所感と抑うつ傾向には負の関連があることが示唆された。

3. ネガティブライフイベント経験の有無による抑うつ傾向の比較

ネガティブライフイベント経験の有無による抑うつ傾向の差異の検討を行うため，ネガティブライフイベント経験の有無を独立変数，抑うつ傾向を従属変数とし，男女別に t 検定を行った（Table8-7）。その結果，中学生において，男女ともにネガティブライフイベント経験有り群の抑うつ傾向がネガティブライフイベント経験無し群よりも有意に高かった。また，高校生において，男子ではネガティブライフイベント経験有り群の抑うつ傾向がネガ

Table8-7　ネガティブライフイベント経験の有無による抑うつ傾向

	男子			女子		
	イベント経験 無	イベント経験 有		イベント経験 無	イベント経験 有	
	平均値（*SD*）	平均値（*SD*）	*t* 値	平均値（*SD*）	平均値（*SD*）	*t* 値
中学生	.53 （.30）	.64 （.30）	1.87 *	.49 （.28）	.72 （.36）	2.50 *
高校生	.54 （.26）	.93 （.45）	-2.71 **	.66 （.43）	.91 （.40）	-1.88
大学･専門学校生	.66 （.37）	.78 （.41）	.75	.53 （.40）	.86 （.47）	2.72 **

$^{*}p<.05$, $^{**}p<.01$

ティブライフイベント経験無し群よりも有意に高かったが，女子ではネガティブライフイベント経験の有無による抑うつ傾向の有意差が認められなかった。さらに，大学・専門学校生において，男子ではネガティブライフイベント経験の有無による抑うつ傾向の有意差が認められなかったが，女子ではネガティブライフイベント経験有り群の抑うつ傾向がネガティブライフイベント経験無し群よりも有意に高かった。

これらの結果より，中学生では男女とも，高校生では女子，大学・専門学校生では男子において，ネガティブライフイベントを経験すると抑うつ傾向が高まることが示唆された。また，中学生男子の 83.6 %（225 名），中学生女子の 92.2 %（219 名），高校生男子の 89.4 %（94 名），高校生女子の 84.7 %（72 名），大学・専門学校生男子の 96.7 %（212 名），大学・専門学校生女子の 92.0 %（200 名）がネガティブライフイベントを経験していたことから，青年の多くが抑うつ傾向を高める可能性のある状態に曝されていることが明らかとなった。

4. ネガティブライフイベント経験の有無による抑うつ傾向への影響因の検討

対象者の 8 割以上がネガティブライフイベントを経験していたことから，ネガティブライフイベントを経験している場合における抑うつ傾向への心理的居場所感の影響を検討するため，抑うつ傾向を従属変数とし，ネガティブライフイベント経験有り群について，男女別に階層的重回帰分析を行った。抑うつ傾向への影響として，青年期には重要な他者との関係性において両親よりも友人が優勢になる（酒井，2005）ことや，両親との関係性において父親に比べて母親の影響がより強くなる（Benedikt, Wertheim, & Love, 1998）ことから，第１ステップには友人に対する心理的居場所感，第２ステップに

Table8-8　抑うつ傾向を従属変数とした階層的重回帰分析結果（中学生）

	男子			女子		
	R^2	ΔR^2	β	R^2	ΔR^2	β
Step1 親友に対する心理的居場所感	.03	.03 *	−.18 *	.06	.06 **	−.24 **
Step2 母親に対する心理的居場所感	.11	.08 **	−.30 **	.26	.20 **	−.47 **
Step3 父親に対する心理的居場所感	.13	.01	−.15	.26	.01	−.08

$^*p<.05$，$^{**}p<.01$

Table8-9　抑うつ傾向を従属変数とした階層的重回帰分析結果（高校生）

	男子			女子		
	R^2	ΔR^2	β	R^2	ΔR^2	β
Step1 親友に対する心理的居場所感	.02	.02	−.14	.13	.13 **	−.36 **
Step2 母親に対する心理的居場所感	.02	.00	−.06	.15	.02	−.16
Step3 父親に対する心理的居場所感	.11	.08 *	−.32 *	.16	.01	.09

$^*p<.05$，$^{**}p<.01$

Table8-10　抑うつ傾向を従属変数とした階層的重回帰分析結果（大学・専門学校生）

	男子			女子		
	R^2	ΔR^2	β	R^2	ΔR^2	β
Step1 親友に対する 心理的居場所感	.00	.00	-.05	.06	.06 **	-.25 **
Step2 母親に対する 心理的居場所感	.02	.02	-.15	.10	.04 **	-.21 **
Step3 父親に対する 心理的居場所感	.08	.06 **	-.33 **	.15	.05 **	-.29 **

$^{*}p<.05$,　$^{**}p<.01$

は母親に対する心理的居場所感，第 3 ステップには父親に対する心理的居場所感を投入した（Table8-8，8-9，8-10）。

その結果，中学生男子における重回帰決定係数の増分は，親友および母親に対する心理的居場所感に関して有意であった。また，標準偏回帰係数では，親友および母親に対する心理的居場所感が抑うつ傾向と有意な負の貢献を示していた。

中学生女子における重回帰決定係数の増分は，親友および母親に対する心理的居場所感に関して有意であった。また，標準偏回帰係数では，親友および母親に対する心理的居場所感が抑うつ傾向と有意な負の貢献を示していた。

高校生男子における重回帰決定係数の増分は，父親に対する心理的居場所感に関して有意であった。また，標準偏回帰係数では，父親に対する心理的居場所感が抑うつ傾向と有意な負の貢献を示していた。

高校生女子における重回帰決定係数の増分は，親友に対する心理的居場所感に関して有意であった。また，標準偏回帰係数では，親友に対する心理的居場所感が抑うつ傾向と有意な負の貢献を示していた。

大学・専門学校生男子における重回帰決定係数の増分は，父親に対する心理的居場所感に関して有意であった。また，標準偏回帰係数では，父親に対する心理的居場所感が抑うつ傾向と有意な負の貢献を示していた。

大学・専門学校生女子における重回帰決定係数の増分は，親友および母親・父親に対する心理的居場所感に関して有意であった。また，標準偏回帰係数では，親友および母親・父親に対する心理的居場所感が抑うつ傾向と有意な負の貢献を示していた。

本研究より，両親や親友に対する心理的居場所感が抑うつ傾向の防御要因になることを示す幾つかの結果が示された。また，防御要因となる対象が，各学校段階により発達的に変化していく様相も明らかとなった。

具体的には，ネガティブライフイベントを経験している際に，男子の場合，中学生では親友および母親，高校生および大学・専門学校生では父親に対する心理的居場所感があれば，抑うつ傾向の悪化を軽減できることが示唆された。また，女子の場合，中学生では親友および母親，高校生では親友，大学・専門学校生では親友および母親に対する心理的居場所感があれば，抑うつ傾向の悪化を軽減できることが示唆された。これらの結果より，ネガティブライフイベントを経験した際には，特に重要な他者に対する心理的居場所感が抑うつ傾向の重要な防御要因となり，その対象は性別および学校段階によって差異がみられることが明らかとなった。これらの差異に関して，男女ともに中学生で親友および母親の存在が重要な防御要因であることは，親友の存在が中学生の主観的健康を高める（中山・藤内・北山，1997）という報告や，母親および親友といった重要な他者に対する心理的居場所感が抑うつ傾向を軽減させるという第5章の結果と一致するものであった。既に述べてきた通り，この中学生という時期は，第一次心理的離乳（西平，1990）の時期にあたり，親への依存心や葛藤，不当な責任転嫁，過大な期待や要求が高まる時期である（大野，1995；池田，2006）。また，第2の分離固体化過程の時期でもあり，依存や親密さの対象としての親からの精神的離脱と，友人との親密な関係の構築が重要な課題であるとされる（Blos，1962；Havighurst, 1943)。さらに，この親からの精神的離脱に伴う不安が大きければ，必然的に仲間関係における親密さを求める（保坂，1998）ことも指摘されている。本結果より，親友との関係が両親からの精神的離脱に伴う不安を軽減させるような青年の心理的成長を支える要因であるとともに，親子関係から友人関係へと対人関係の重点をまさに移行しつつある中学生にとって，外面的には親から分離しているように見えてもなお，母親の存在が重要であることが示唆された。したがって，親友や母親に対する心理的居場所感をうまく支えにできれば，ネガティブライフイベントに遭遇した際の抑うつ傾向を軽減できることが示されたと考えられる。

また，本結果より，男子の場合には高校生，大学・専門学校生になると父親，女子の場合には高校生になると親友，大学・専門学校生になると親友および両親の存在が，抑うつ傾向の重要な防御要因であることが示唆され，性別によって重要な他者の存在が異なることが明らかとなった。これに関して，これまでの親子研究や家族研究では，母子関係を重視する傾向が強く，父子関係に関する研究は数少ない（柏木，1993）のが現状である。しかしながら，Tannenbaum & Forehand（1994）は，母親がうつ状態の場合，青年もその影響を受けてうつ状態になりやすいことを指摘した上で，父子関係が良好であると，青年に対する母親のうつ状態の影響を防ぐことが可能であると報告していることから，青年の精神的健康を考える際に，父親の存在も決して見過ごすことはできないと考えられる。本研究では，特に男子において，高校生以降は父親に対する心理的居場所感が高ければ，ネガティブライフイベントを経験しても抑うつ傾向の悪化を防げることが示唆された。これは，年齢とともに父―息子関係が変化していく可能性を示しており，青年期中期から後期にかけての男子にとって，父親に対する心理的居場所感が精神的健康を支える重要な要因となっていると考えられる。一方，女子の場合，高校生では親友，大学・専門学校生では親友に加えて再び母親，新たに父親の存在が抑うつ傾向の防御要因となることが示唆された。これまでの研究において，第二次心理的離乳の時期にあたる青年期後期には，両親との絆を再び強めることもあることが指摘されてきた（西平，1990）。また，成長とともに親とのアンビバレントな状態から解放されていくこと，とりわけ女子青年にとって母親が特別な意味を持つ存在であるとされる（福島，1992）ことから，高校生では母親の存在が親友に比べていったん影響力が弱くなるものの，大学・専門学校生で再び重要な影響因となるものと考えられる。

従来の研究より，成人および青年において，対人関係上のトラブルは他のトラブルに比べて抑うつを引き起こしやすい（Hankin & Abramson, 2001）と報告されてきたが，本結果から，その年齢に応じた対象に対する心理的居場所感があれば，青年がこうした問題に遭遇した際，抑うつ状態の予防，あるいは抑うつ傾向悪化の抑制に寄与できることが示された。すなわち，青年がネガティブライフイベントを経験したとしても，母親・父親・親友といった重要な他者に対する心理的居場所感が多様な様相で防御要因となり得ることから，この時期に，性別や年齢に応じた対象に対して心理的居場所感を抱けることが重要であると考えられる。

第3節　まとめ

本章では，ネガティブライフイベントの経験および重要な他者に対する心理的居場所感と抑うつ傾向との関連について検討を行った。その結果，ネガティブライフイベントを経験した際には，特に重要な他者に対する心理的居場所感が抑うつ傾向の重要な防御要因となること，その対象は性別および学校段階によって差異がみられることが明らかとなった。これらのことから，青年がネガティブライフイベントを経験し，抑うつ傾向が高まりやすい状況に曝されたとしても，性別や年齢に応じて，母親・父親・親友といった重要な他者に対する心理的居場所感が多様な様相で防御要因となり，青年の抑うつ傾向の悪化を軽減できることが見出されたといえる。

第9章　心理的居場所感がレジリエンスに及ぼす影響
――促進機能としての心理的居場所感――

第1節　心理的居場所感がレジリエンスに及ぼす影響

これまでの臨床的知見から，不登校や引きこもりなどの問題を抱える青年に家庭や友人といった居場所を保証することによって，これらの青年は不安や葛藤を乗り越えていく（富永・北山，2001）ことが示唆されてきた。すなわち，対人関係における心理的居場所感には，前章で明らかにした精神的健康を損なわないための防御機能があるとともに，不安や葛藤を乗り越えていく力を育てる促進機能を持つ可能性があると考えられる。

こうした不安や葛藤を乗り越えていく力に相当する概念として，レジリエンスがある。レジリエンスとは，「困難で脅威的な状況にも関わらず，うまく適応する過程，能力，および結果（Masten & Garmezy，1990）」と定義される。小花和W（2004）は，この概念を，ストレスフルな状況で傷つくことが避けられないからこそ，それを乗り越えていくために機能する性質であるとしている。また，American Psychological Association（2003）によれば，家族や親友といった重要な他者との良好な関係がこのレジリエンスを高めるとされ，身近な対人関係の質がレジリエンスに影響を及ぼす要因の1つであることが推測される。したがって，前章までに取り上げてきた重要な他者に対する心理的居場所感も，レジリエンスを高める要因となり得るのではないかと考えられることから，本章では，重要な他者に対する心理的居場所感がレジリエンスに及ぼす影響について検討するため，Figure9-1のようなモデルを仮定した。このモデルの詳細は，以下の通りである。

まず，重要な他者として取り上げる母親・父親・親友の三者の関係に関して，親との関係が友人関係あるいは友人に対する心理的居場所感の形成に影響するとされる（秦，2000；小野，2006）ことから，母親・父親に対する心理的居場所感は親友に対する心理的居場所感と関連すると考えられる。また，従来の臨床的知見や American Psychological Association（2003）が指摘しているように，重要な他者に対する心理的居場所感が直接的にレジリエンスを高めることも予測される。

次に，心理的居場所感が同等の高さであったとしても，レジリエンスに個人差が生じることも想定され，媒介的な役割を果たす変数が存在する可能性を考慮する必要があることから，媒介変数として自己受容を取り上げることとする。これは，受容される場としての居場所を持つことが自己受容を高める（白井，1998）と考えられるためであり，重要な他者に対する心理的居場所感が高ければ自己受容が高まると考えられる。また，佐藤・小森・中村・仲村・中山・横地・大和・土井（2001）は，ありのままの自分を受容できると，「押し寄せてくる壁を押し返そうとする力」が生じると指摘しており，ここでの力がレジリエンスに相当するならば，自己受容はレジリエンスを高めるものと考えられる。

以上，母親・父親・親友に対する心理的居場所感からレジリエンスへ至るプロセスとして，自己受容を媒介としたFigure9-1のモデルの詳細について述べてきた。これらをふまえ，本章では，青年期の重要な他者に対する心

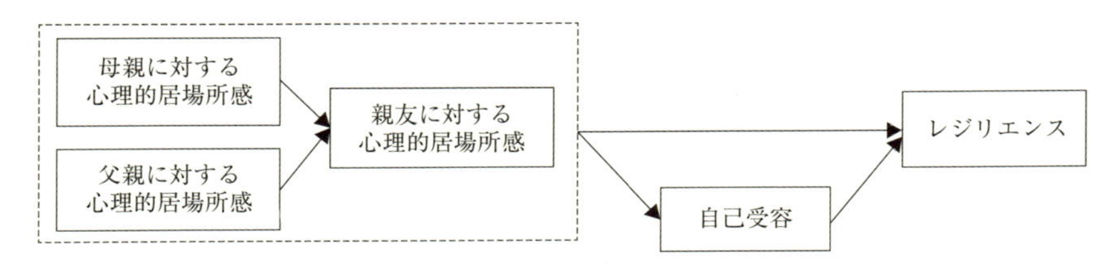

Figure9-1　本章における研究モデル

注）複雑さを避けるために個々のパスを記載せず，[ ]で代表した。

理的居場所感からレジリエンスへ至るプロセスについて明らかにする。

第 2 節　心理的居場所感からレジリエンスへ至るプロセス

目的

本章では，Figure9-1 のモデルに基づき，中学生，高校生，大学・専門学校生を対象として，重要な他者に対する心理的居場所感からレジリエンスへ至るプロセスについて明らかにし，心理的居場所感の促進機能を検討することを目的とする。

方法

1. 調査対象

①兵庫県内の中学生 542 名（男子 287 名，女子 255 名）。

②兵庫県内の高校生 201 名（男子 109 名，女子 86 名，無記入 6 名）。

③兵庫県内の大学生 374 名（男子 200 名，女子 174 名），専門学校生 76 名（男子 25 名，女子 51 名）の計 450 名（男子 225 名，女子 225 名）。

2. 調査時期

①中学生：2007 年 6 月に実施した。

②高校生：2007 年 7 月～ 11 月に実施した。

③大学・専門学校生：2007 年 5 月に実施した。

3. 調査手続

①中学生：教育関係者を通じて学校長および担任に依頼し，各学級にて集団で施行する方法をとった。

②高校生：教育関係者を通じて学校長および担任に依頼し，各学級にて集

団で施行する方法をとった。

③大学・専門学校生：教員に依頼し，各授業にて集団で施行する方法をとった。

回答にあたっては，プライバシーは保護されること，調査以外に使用されることはないこと，回答が難しい場合は回答しなくてもよいことが紙面上で教示された。

4. 調査内容

①心理的居場所感：第6章で作成した心理的居場所感尺度20項目を使用した。この20項目に関して，母親・父親・親友の三者について，それぞれ同一の項目で別々に回答を求めた。個々の事情を考慮し，教示文では，母親・父親に関して「母親（父親），あるいは母親（父親）に代わる人」という表現を用いた。回答は，「まったくそう思わない（1点）」～「とてもそう思う（5点）」の5件法で評定を求めた。

②自己受容：宮沢（1988）による自己受容性測定スケール（SAI）27項目を使用した。回答は，「いいえ（1点）」～「はい（4点）」の4件法で評定を求めた。

③レジリエンス：小塩・中谷・金子・長峰（2002）による精神的回復力尺度21項目を使用した。回答は，「いいえ（1点）」～「はい（5点）」の5件法で評定を求めた。

結果と考察

1. 基礎統計量

学校段階別に各尺度の項目平均値および*SD*を算出した（Table9-1，9-2，9-3）。

Table9-1　各尺度の平均値および*SD*（中学生）

	男子		女子	
	平均値	(*SD*)	平均値	(*SD*)
母親に対する心理的居場所感	2.94	(.96)	3.46	(.91)
父親に対する心理的居場所感	2.85	(.98)	2.96	(1.01)
親友に対する心理的居場所感	3.68	(.73)	4.06	(.70)
自己受容	2.61	(.36)	2.55	(.39)
レジリエンス	3.44	(.65)	3.31	(.63)

Table9-2　各尺度の平均値および*SD*（高校生）

	男子		女子	
	平均値	(*SD*)	平均値	(*SD*)
母親に対する心理的居場所感	2.98	(.91)	3.65	(.91)
父親に対する心理的居場所感	2.60	(1.03)	3.12	(.98)
親友に対する心理的居場所感	3.66	(.80)	4.03	(.65)
自己受容	2.71	(.45)	2.79	(.39)
レジリエンス	3.34	(.62)	3.30	(.52)

Table9-3　各尺度の平均値および*SD*（大学・専門学校生）

	男子		女子	
	平均値	(*SD*)	平均値	(*SD*)
母親に対する心理的居場所感	3.26	(.83)	4.00	(.90)
父親に対する心理的居場所感	2.96	(.93)	3.16	(1.01)
親友に対する心理的居場所感	3.88	(.60)	4.15	(.57)
自己受容	2.90	(.41)	2.80	(.43)
レジリエンス	3.38	(.58)	3.32	(.55)

2. 心理的居場所感と自己受容・レジリエンスの関連

重要な他者に対する心理的居場所感と自己受容およびレジリエンスとの関連について検討するために，学校段階別に各尺度の相関係数を算出した（Table9-4，9-5，9-6）。

Table9-4　各尺度間の相関（中学生）

	①	②	③	④	⑤
①母親に対する心理的居場所感	−	.71 **	.35 **	.47 **	.32 **
②父親に対する心理的居場所感	.55 **	−	.26 **	.36 **	.28 **
③親友に対する心理的居場所感	.35 **	.18 **	−	.13	.21 **
④自己受容	.48 **	.34 **	.33 **	−	.62 **
⑤レジリエンス	.38 **	.33 **	.33 **	.67 **	−

上段：男子　下段：女子　　**p<.01

Table9-5　各尺度間の相関（高校生）

	①	②	③	④	⑤
①母親に対する心理的居場所感	−	.58 **	.23 *	.17	.20
②父親に対する心理的居場所感	.61 **	−	.33 **	.21 *	.18
③親友に対する心理的居場所感	.26 *	.34 **	−	.31 **	.26 *
④自己受容	.51 **	.42 *	.48 **	−	.75 **
⑤レジリエンス	.39 **	.27 *	.43 *	.69 **	−

上段：男子　下段：女子　　*p<.05，**p<.01

Table9-6　各尺度間の相関（大学・専門学校生）

	①	②	③	④	⑤
①母親に対する心理的居場所感	−	.71 **	.35 **	.22 **	.20 **
②父親に対する心理的居場所感	.62 **	−	.29 **	.42 **	.34 **
③親友に対する心理的居場所感	.39 **	.46 **	−	.25 **	.23 **
④自己受容	.47 **	.41 **	.36 **	−	.70 **
⑤レジリエンス	.35 **	.38 **	.33 **	.68 **	−

上段：男子　下段：女子　　**p<.01

まず，重要な他者に対する心理的居場所感と自己受容について，中学生では，男子において母親・父親に対する心理的居場所感と自己受容との間に弱から中程度の有意な正の相関が認められたが，親友に対する心理的居場所感との間には相関が認められなかった。一方，女子において母親・父親および親友に対する心理的居場所感と自己受容との間に弱から中程度の有意な正の相関が認められた。また，高校生では，男子において父親および親友に対する心理的居場所感と自己受容との間に弱い有意な正の相関が認められたが，母親に対する心理的居場所感との間には相関が認められなかった。一方，女子において母親・父親および親友に対する心理的居場所感と自己受容との間に中程度の有意な正の相関が認められた。大学・専門学校生では，男女ともに母親・父親および親友に対する心理的居場所感と自己受容との間に弱から中程度の有意な正の相関が認められた。

次に，重要な他者に対する心理的居場所感とレジリエンスについて，中学生では，男女ともに母親・父親および親友に対する心理的居場所感とレジリエンスとの間に弱い有意な正の相関が認められた。また，高校生では，男子において親友に対する心理的居場所感とレジリエンスとの間に弱い有意な正の相関が認められたが，母親および父親に対する心理的居場所感との間には相関が認められなかった。一方，女子において母親・父親および親友に対する心理的居場所感とレジリエンスとの間に弱から中程度の有意な正の相関が認められた。大学・専門学校生では，男女ともに母親・父親および親友に対する心理的居場所感とレジリエンスとの間に弱い有意な正の相関が認められた。

さらに，自己受容とレジリエンスについて，中学生，高校生，大学・専門学校生に共通して，男女とも両者の間に中程度の有意な正の相関が認められた。

3. 仮説モデルのパス解析

心理的居場所感からレジリエンスへ至るパスモデルを検討するため，男女別に Amos5.0 を用いたパス解析を行った。

まず，中学生男子の心理的居場所感からレジリエンスに至るパス解析の結果（Figure9-2），母親に対する心理的居場所感は親友に対する心理的居場所感と正の関連を示した。また，母親に対する心理的居場所感は自己受容と正の関連を示し，親友に対する心理的居場所感および自己受容はレジリエンスと正の関連を示した。すなわち，中学生男子では，母親に対する心理的居場所感が親友に対する心理的居場所感と自己受容を高め，親友に対する心理的居場所感と自己受容がレジリエンスを高めることが明らかになった。一方，父親に対する心理的居場所感から自己受容およびレジリエンスへの直接的な関連は示されなかった。

次に，高校生男子の心理的居場所感からレジリエンスに至るパス解析の結果（Figure9-3），父親に対する心理的居場所感は親友に対する心理的居場所感と正の関連を示し，親友に対する心理的居場所感は自己受容と正の関連を示した。また，自己受容はレジリエンスと正の関連を示した。すなわち，高校生男子では，父親に対する心理的居場所感が親友に対する心理的居場所感を高め，親友に対する心理的居場所感が自己受容を高めることが明らかとなった。また，自己受容がレジリエンスを高めることも示唆された。一方，重要な他者に対する心理的居場所感からレジリエンスへの直接的な関連は示されなかった。

さらに，大学・専門学校生男子の心理的居場所感からレジリエンスに至るパス解析の結果（Figure9-4），母親に対する心理的居場所感は親友に対する心理的居場所感と正の関連を示し，親友に対する心理的居場所感は自己受容と正の関連を示した。また，父親に対する心理的居場所感は親友に対する心理的居場所感を介さず，直接的に自己受容と正の関連を示していた。さらに，自己受容はレジリエンスと正の関連を示した。すなわち，大学・専門学

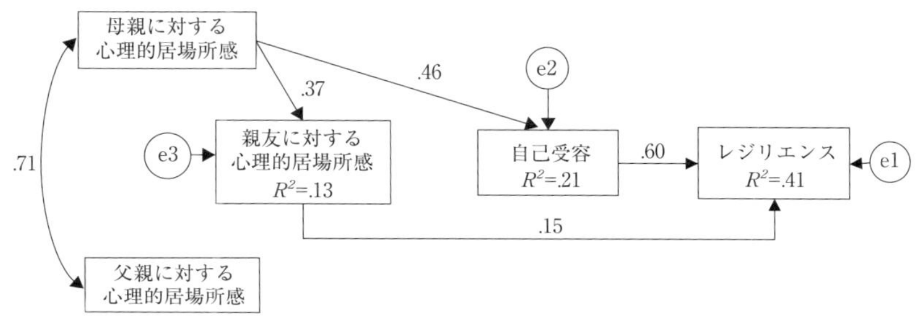

GFI=.99　AGFI=.97　RMSEA=.05

Figure9-2　心理的居場所感からレジリエンスに至るパス・ダイアグラム（中学生男子）
（図中には p<.05 で有意なパスのみを示した）

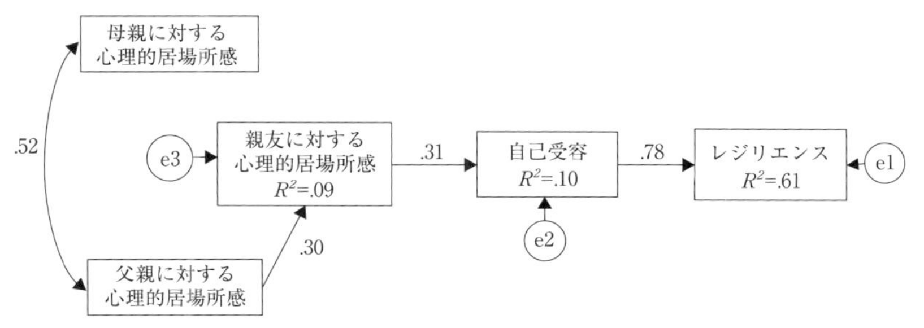

GFI=.99　AGFI=.98　RMSEA=.00

Figure9-3　心理的居場所感からレジリエンスに至るパス・ダイアグラム（高校生男子）
（図中には p<.05 で有意なパスのみを示した）

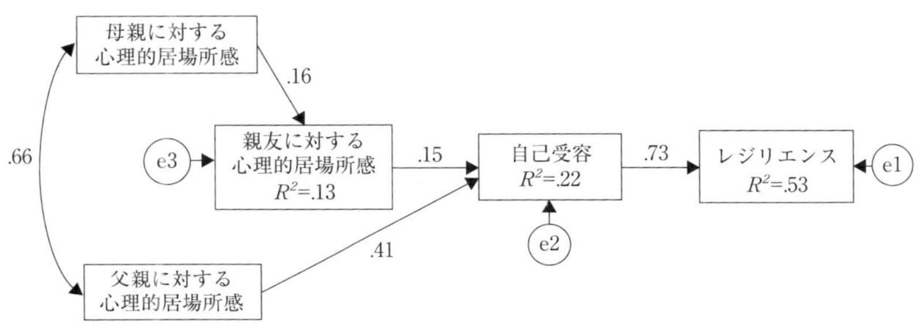

GFI=.97　AGFI=.97　RMSEA=.05

Figure9-4　心理的居場所感からレジリエンスに至るパス・ダイアグラム（大学・専門学校生男子）
（図中には p<.05 で有意なパスのみを示した）

校生男子では，母親に対する心理的居場所感が親友に対する心理的居場所感を高め，父親と親友に対する心理的居場所感が自己受容を高めることが明らかになった。また，自己受容がレジリエンスを高めることも示唆された。一方，重要な他者に対する心理的居場所感からレジリエンスへの直接的な関連は示されなかった。

一方，中学生女子の心理的居場所感からレジリエンスに至るパス解析の結果（Figure9-5），母親に対する心理的居場所感は親友に対する心理的居場所感と正の関連を示したとともに，男子と異なり，母親および親友に対する心理的居場所感は自己受容と正の関連を示した。また，親友に対する心理的居場所感および自己受容はレジリエンスと正の関連を示した。すなわち，中学生女子では，母親に対する心理的居場所感が親友に対する心理的居場所感を高め，母親および親友に対する心理的居場所感が自己受容を高めていることが明らかになった。さらに，親友に対する心理的居場所感と自己受容がレジリエンスを高めることが示唆された。一方，父親に対する心理的居場所感から自己受容およびレジリエンスへの直接的な関連は示されなかった。

次に，高校生女子の心理的居場所感からレジリエンスに至るパス解析の結果（Figure9-6），男子と異なり，母親に対する心理的居場所感は親友に対する心理的居場所感と正の関連を示したとともに，母親および親友に対する心理的居場所感は自己受容と正の関連を示した。また，自己受容はレジリエンスと正の関連を示した。すなわち，高校生女子では，母親に対する心理的居場所感が親友に対する心理的居場所感を高め，母親および親友に対する心理的居場所感が自己受容を高めることが明らかになった。また，自己受容がレジリエンスを高めることも示唆された。一方，重要な他者に対する心理的居場所感からレジリエンスへの直接的な関連は示されなかった。

さらに，大学・専門学校生女子の心理的居場所感からレジリエンスに至るパス解析の結果（Figure9-7），男子と異なり，母親および父親に対する心理的居場所感は親友に対する心理的居場所感と正の関連を示したとともに，母

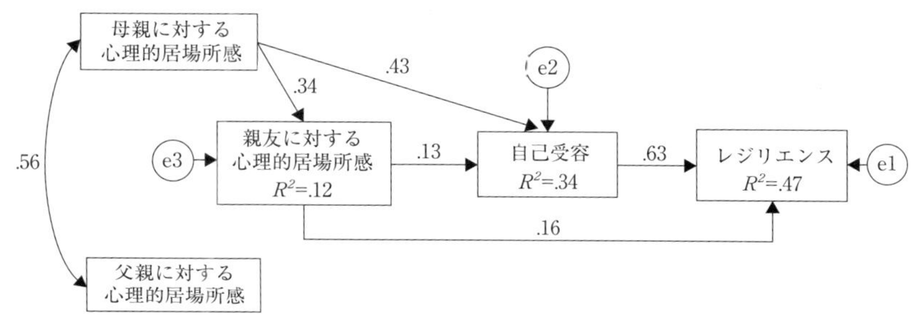

Figure9-5　心理的居場所感からレジリエンスに至るパス・ダイアグラム（中学生女子）
（図中には p<.05 で有意なパスのみを示した）

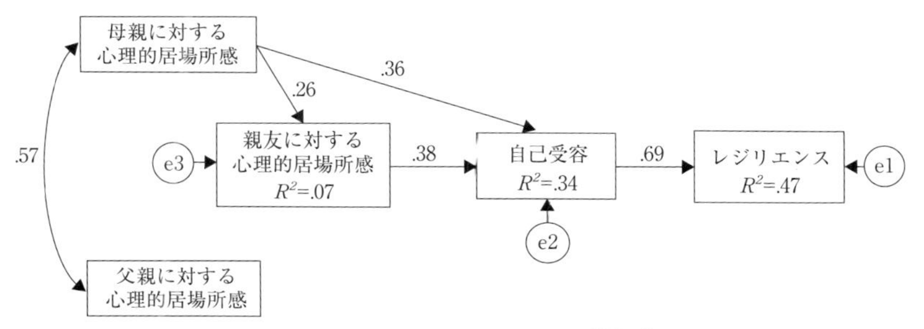

Figure9-6　心理的居場所感からレジリエンスに至るパス・ダイアグラム（高校生女子）
（図中には p<.05 で有意なパスのみを示した）

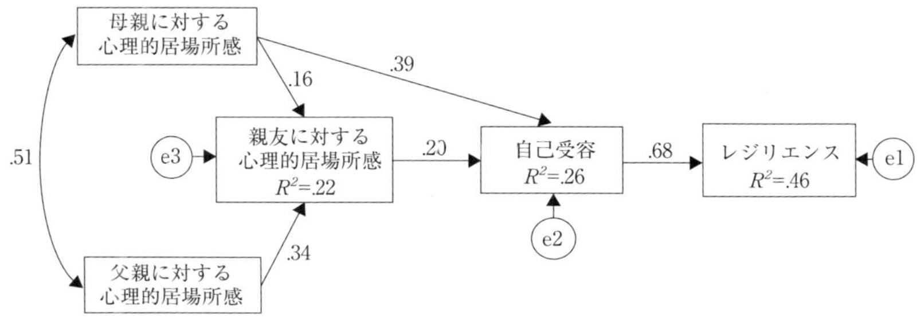

Figure9-7　心理的居場所感からレジリエンスに至るパス・ダイアグラム（大学・専門学校生女子）
（図中には p<.05 で有意なパスのみを示した）

親および親友に対する心理的居場所感は自己受容と正の関連を示した。また，自己受容はレジリエンスと正の関連を示した。すなわち，大学・専門学校生女子では，母親および父親に対する心理的居場所感が親友に対する心理的居場所感を高め，母親および親友に対する心理的居場所感が自己受容を高めることが明らかになった。また，自己受容がレジリエンスを高めることも示唆された。一方，重要な他者に対する心理的居場所感からレジリエンスへの直接的な関連は示されなかった。

以上のことから，性別や学校段階により，その様相は異なるものの，総じて重要な他者に対する心理的居場所感が自己受容を高め，自己受容がレジリエンスを高めることが明らかとなった。

これらの結果に関連し，Rogers（1942）は心理療法の理論において，対人関係の中で他者に個人のすべてを受け入れられることができれば，人は自己受容できるようになることを示唆している。同様に，Fey（1955）や大出・澤田（1988）も，他者からの受容が自己受容を促す可能性を指摘している。本研究において，男子では父親および親友に対する心理的居場所感，女子では母親および親友に対する心理的居場所感が，それぞれ自己受容を高めていることが示された。これはRogers（1942）が指摘するように，他者にあるがままの自分を受容されていると十分に感じられること，つまり，他者との関係性の中で心理的居場所感を抱けることが，自己受容を促すことを明らかにしたものと考えられる。

また，本結果では，性別や学校段階を問わず，共通して自己受容がレジリエンスを直接的に高めることが明らかとなり，佐藤ほか（2001）が述べるように，ありのままの自分を受容できるようになると，「押し寄せてくる壁を押し返そうとする力が出てきたような実感」が生まれ，不安や他者との葛藤を乗り越えていく力を得られることが実証的に示されたといえる。

一方，本結果は仮定したモデルに反し，男女とも中学生のみ親友に対する心理的居場所感が直接的にレジリエンスを高めていたが，高校生および大学・専門学校生ではどの対象に対する心理的居場所感もレジリエンスへの直接的なパスが認められなかった。これはつまり，中学生の親友に対する心理的居場所感以外，どの対象に対する心理的居場所感も，自己受容を介さない限り直接レジリエンスを高めるわけではないことを示している。従来の臨床的知見から，青年に居場所を保証することが不安や葛藤を乗り越えることに繋がると指摘されてきたものの，なぜ居場所を保証することが不安や葛藤を乗り越えることに繋がるのかについては明確にされてこなかった。しかしながら，本結果より，必ずしも居場所を保証することによってのみレジリエンスが高まるわけではなく，心理的居場所感を抱くことが自己の否定的側面をも含めた自己受容を可能にし，これを媒介することによって，レジリエンスに結びついていくことが明らかになった。このことから，不安や葛藤を乗り越える力を育てるためには，単に居場所を保証するだけではなく，対人関係における心理的居場所感を通して，自己受容といった変容を促し，見守る視点こそ必要であるといえる。

4. 性差および発達的変化に関する考察

本結果より，性差および発達的変化に関する幾つかの特徴が見出された。ここでは，特に重要だと考えられる以下の2つの特徴について考察していくこととする。

第1に，両親に対する心理的居場所感の性差および学校段階による変化として，男女ともに，中学生では母親，高校生では同性の親，大学・専門学校生では両親それぞれに対する心理的居場所感が，レジリエンスへ至るプロセスに影響を与えていることが明らかとなった。こうした影響は，青年期における親子関係の変化を如実に反映していると考えられる。すなわち，青年期前期にあたる中学生では母親との分離が十分でないが故に，その関係性が依然として重要な意味を持つが，高校生以降ではそれが変化し，性差が生じるようになる。具体的には，男子の場合，落合（1998，2000）が指摘するように，子が父親から信頼・承認される関係へと父—息子関係が変化し，父親に対して心理的居場所感を抱けることが自己受容に影響を与える一方で，女子の場合，必ずしも母親との分離が起こらない（三輪，2000）ことから，一貫して母親との関係性が重要であり続ける。さらに，青年期後期にあたる大学・専門学校生になると，両親に対してそれぞれ新たに対等な関係を形成し，両親を客観的に一人格として見る力，あるいは心理的に離乳していく力を得ることがより親密な親子関係を育てる（西平，1990）ため，母親および父親に対する心理的居場所感が異なる側面からそれぞれ影響を与えるものと考えられる。したがって，青年期を通じ，青年と親の性別のマッチングによって心理的居場所感の意味は異なると考えられ，レジリエンスを高めるためには，こうしたマッチングを考慮することが必要である。とりわけ，本結果より，各学校段階に応じて注目すべき心理的居場所感の対象が明らかになったことから，青年に対する介入や援助を考える際には，従来指摘されてきたような母子関係だけでなく，父子関係を含めた親子関係を視野に入れた環境調整をしていくことが重要だと考えられる。

第2に，本結果より，中学生から大学・専門学校生まで一貫して，親友に対する心理的居場所感は自己受容に影響を及ぼす重要な要因であることが示された。さらに，前節で述べた通り，概ねどの対象に対する心理的居場所感も直接レジリエンスに影響していない中で，男女とも中学生の親友に対する心理的居場所感のみがレジリエンスに直接的な影響を及ぼしていることが明らかになったことから，この時期にとりわけ友人関係の中で心理的居場所感を抱けることの重要性が示唆された。これに関して，青年期における友人関係の重要性は従来の研究において一定の知見を得ており，こうした中学生における親友の重要性についても幾つかの観点から記述されてきた。例えば，村瀬（1996）は，中学生になると，親にあまり心を開かなくなるとともに，様々な悩みや葛藤を共有している相手が友人を除いては期待できなくなること，また，この時期の友人関係が成長を促す重要な意味を持つことを指摘している。さらに，藤田・伊藤・坂口（1996）は，中学生が友人関係における連帯や信頼関係を基盤に関係的自己評価を形成・修正していくことや，中学生のアイデンティティが友人関係の在り様と深く関わっていることを示唆している。これらのことから，親友に対する心理的居場所感が直接レジリエンスを促す要因であったことは，青年期の中でも特にこの時期の友人関係が，不安や葛藤を乗り越えるための積極的な力となることを示唆していると考えられる。

第３節　まとめ

本章では，Figure9-1 のモデルに基づき，重要な他者に対する心理的居場所感からレジリエンスへ至るプロセスについての検討を行った。その結果，総じて重要な他者に対する心理的居場所感が自己受容を高め，自己受容がレジリエンスを高めることが示唆された。

また，中学生の親友に対する心理的居場所感以外，どの対象に対する心理的居場所感も，自己受容を介さない限り直接レジリエンスを高めるわけではないことが明らかとなり，困難な状況に際しても適応していくためには，居場所を保証するだけはなく，心理的居場所感に支えられながら，自己の否定的側面をも含めた自己受容が生じる必要性が示唆されたことから，こういった変容を促し，見守る視点が重要であるといえる。

さらに，重要な他者に対する心理的居場所感からレジリエンスに至るプロセスにおいては，性差および発達的変化がみられることが示唆されたことから，青年に対する介入や援助を考える際には，親友に加えて，中学生では母親，高校生では同性の親，大学・専門学校生では両親といったように，性別や年齢に応じた対人関係の中で心理的居場所感を抱けることの重要性を視野に入れる必要があると考えられる。

第Ⅴ部　結　　語

第10章　総合考察

本書では，青年期の心理的居場所感に着目し，その構造と機能に関する検討を行ってきた。本章では，その結びとして，各研究で得られた結果を概観しながら，総合的な考察を行うこととする。

第1節　心理的居場所感の定義と構造

1. 心理的居場所感とは何か

まず第3章では，心理的居場所感をより詳細に捉えるため，中学生における心理的居場所の概念に関して，「こころの居場所がある」「こころの居場所がない」という2つの視点から捉えた自由記述による検討を行った。その結果，「こころの居場所がある／ない」と感じるときを分ける指標として，心理的・物理的にひとりであるかどうかが重要な要素であること，場所の要素そのものは居場所感覚に影響を与えるような特徴を持たず，その場所や他者への慣れが心理的居場所の有無に影響を及ぼしていること，「居場所がある」ときには「安心」や「気分の高揚」といった肯定的感情が生起するのに対し，「居場所がない」ときに生起する感情は個人差が大きく，多様な否定的感情と結びつき得るものであること，たとえ人と一緒にいても，心理的交流を感じられない場合には，居場所がないという感覚と結びつく可能性があること，「こころの居場所」の意味については，そこで体験する安心感，被受容感，優しさ，楽しさなど精神的な解放や充足といった感情的な要素が強いこと，が明らかとなった。また，これらの結果より，心理的居場所感は「心の拠り所となる関係性，および，安心感があり，ありのままの自分を受容される場があるという感情」であると定義づけられた。

第4章では，心理的居場所感および学校適応と精神的健康との関連について検討を行った。その結果，男女ともに心理的居場所感と「仲間志向－孤立志向」の交互作用が認められ，いずれも心理的居場所感が高く，仲間志向的である場合には，精神的健康が良好である一方，心理的居場所感が高くても，孤立志向的である場合には，精神的健康が良好でないことが明らかになった。これより，中学生の精神的健康に影響を及ぼす要因として学校内での友人関係の在り方が重要であることが示唆された。

第5章では，心理的居場所感の対人的要素に着目し，母親・父親・親友といった重要な他者に対する心理的居場所感を取り上げ，抑うつ傾向との関連を検討した。その結果，両親に対する心理的居場所感がいずれも高い場合，もしくは父親か母親どちらか一方に対する心理的居場所感が高い場合には，親友に対する心理的居場所感の高さが抑うつ傾向を軽減させる可能性を持つことが明らかとなった。しかしながら，母親にも父親にも心理的居場所感を抱けない場合には，たとえ親友に対して心理的居場所感を感じていたとしても，抑うつ傾向が軽減されないことも示唆された。これらのことから，両親に対する心理的居場所感の抱き方のスタイルによって，親友に対する心理的居場所感の影響が異なることが明らかとなり，最も身近な環境である家族という関係性の中で，心理的居場所感を感じられることの重要性が示された。

以上のことから，心理的居場所感が心理的に一人ではないこと，すなわち他者との心理的交流の存在を意味するものであり，安心感やありのままの自分を受容されているといった感情として経験されるものであることが明らかとなった。また，重要な他者に対する心理的居場所感は精神的健康と関連が深いことが示唆されたとともに，逃避や消極的選択としての本来的な居場所ではない関係性のみに依拠するのではなく，最も身近な環境である家族に対して心理的居場所感を感じられるようにすることが，親友という家庭外の他者に対する心理的居場所感に積極的な意味をもたらすことが明らかとなった。

2. 心理的居場所感を四次元で捉える意義

第6章では，青年期全般を通じて適用可能な心理的居場所感尺度の開発を行った。その結果，「本来感」「役割感」「被受容感」「安心感」の4つの下位尺度から成る尺度が作成された。

従来の研究においては，こうした下位概念が「安心感」「被受容感」を中心に，それぞれ単独あるいは複数の組合せで抽出されてきたが，本研究のように心理的居場所感を四次元で扱った研究はなされてこなかった。しかしながら，青年期という発達段階を考慮すれば，西平（1990）が現代青年の存在感の希薄さや，感動や感激，あるいは生きがい感のなさを指摘しているように，安心感や被受容感の他に，生き生きといられることや，誰かのためにできることがあること，そこでかけがえのない自分の存在価値を感じられることもまた，心理的居場所感の重要な要素であると考えられる。すなわち，心理的居場所感は，与えられた環境の中で生起する肯定的な感情のみならず，対人関係における相互作用の中から生起してくる感情をも含んでいるのである。したがって，「居場所」という概念を用いる必要性として，心理的居場所感が単に「安心感」や「本来感」といった個々の概念を扱うだけでは捉えきれない包括的なものであることが挙げられ，青年の心理的居場所感を四次元で捉えることにより，居場所に対する，より積極的な意味づけを行うことができたと考えられる。

第2節　重要な他者に対する心理的居場所感の発達的変化

第7章では，重要な他者に対する心理的居場所感について，まず，プライオリティの発達的変化に関する検討を行った。その結果，男子では学校段階によって重要な他者のプライオリティが変化するのに対し，女子では青年期を通じて重要な他者のプライオリティが変化せず，一貫して親友，母親，父親の順に心理的居場所感が高くなることが示唆された。

次に，重要な他者に対する心理的居場所感において，「本来感」「役割感」「被受容感」「安心感」が青年期を通じてどのような変化を遂げるのか検討した結果，性別や対象，学校段階によって心理的居場所感の抱き方が異なり，多様な変化を遂げる可能性が示唆されたことから，こうした発達的変化を考慮した上で，青年の心理的居場所感を捉えていく必要があるといえる。

第3節　心理的居場所感の機能

1. 防御機能としての心理的居場所感

第8章では，ネガティブライフイベントの経験および重要な他者に対する心理的居場所感と抑うつ傾向との関連について検討を行った。その結果，ネガティブライフイベントを経験した際には，特に重要な他者に対する心理的居場所感が抑うつ傾向の重要な防御要因となること，その対象は性別および学校段階によって差異がみられることが明らかとなった。これらのことから，青年がネガティブライフイベントを経験し，抑うつ傾向が高まりやすい状況に曝されたとしても，性別や年齢に応じて，母親や父親，親友といった重要な他者に対する心理的居場所感が多様な様相で防御要因となり，青年の抑うつ傾向の悪化を軽減できることが示唆された。

従来の研究では，対人関係上のトラブルと抑うつ傾向との関連が指摘されてきたが，本研究の対象となった青年の8割以上が対人関係上のネガティブライフイベントを経験していたことから，この時期に対人関係上のネガティブライフイベント経験を避けることは困難であると考えられる。しかしながら，本結果は，こうしたイベントに遭遇した際に，その年齢に応じた対象に対する心理的居場所感が抑うつ状態の予防，あるいは抑うつ傾向悪化の抑制に寄与できることを示すものである。すなわち，青年がネガティブライフイベントを経験したとしても，母親や父親，親友といった重要な他者に対する心理的居場所感が多様な様相で防御要因となり得ることから，その時期に必要な心理的居場所感として，発達段階や性別，さらには重要な他者とのマッチングを総合的に捉えることが重要であると考えられる。

2. 促進機能としての心理的居場所感

第9章では，仮説モデルに基づき，重要な他者に対する心理的居場所感からレジリエンスへ至るプロセスについての検討を行った。その結果，総じて重要な他者に対する心理的居場所感が自己受容を高め，自己受容がレジリエンスを高めることが示唆された。また，中学生の親友に対する心理的居場所感以外，どの対象に対する心理的居場所感も，自己受容を介さない限り直接レジリエンスを高めるわけではないことも示された。従来の臨床的知見から，青年に居場所を保証することが不安や葛藤を乗り越えることに繋がると指摘されてきたものの，なぜ居場所を保証することが不安や葛藤を乗り越えることに繋がるのかについては明確にされてこなかったが，本結果より，必ずしも居場所を保証することによってのみレジリエンスが高まるわけではなく，対人関係における心理的居場所感を抱くことが自己の否定的側面をも含めた自己受容を可能にし，これを媒介することによって，レジリエンスに結びついていくことが実証された。したがって，困難な状況に際しても適応していくためには，単に居場所を保証するだけはなく，心理的居場所感に支えられながら，自己の否定的側面をも含めた自己受容が生じる必要性があることから，こうした変容を促し，見守る視点が重要である。

さらに，重要な他者に対する心理的居場所感からレジリエンスに至るプロセスにおいては，性差および発達的変化がみられることが示唆されたことから，青年に対する介入や援助を考える際には，親友に加えて，中学生では母親，高校生では同性の親，大学・専門学校生では両親といったように，性別や年齢に応じた対人関係の中で心理的居場所感を抱けることの重要性を視野に入れる必要があると考えられる。

3. 心理的居場所感の意義

人が生きていく上で，様々な不安や葛藤に遭遇することは避けられない。しかしながら，こうした数多くの不安や葛藤を，自らの力で乗り越えていかなければならないのもまた事実である。

村瀬（1996）は，青年が様々な困難にも関わらず，それらを乗り越えていける大きな成長力を秘めていることを指摘した上で，臨床家が青年に援助の手を差し伸べることができるのも，究極的には彼らの柔軟性を十分に備えた生命の回復力を信ずるからだと述べている。また，青木（2005）は，誰かが見守ってくれているという感覚に人は支えられることがあるとし，困難に出遭った時，誰かの顔や言葉を思い出すように，見守られている感覚が心の中に根づくことが大切だと指摘している。すなわち，他者との関係性の中で，かけがえのない，ありのままの自分に対する存在意義を見出せた時，それは青年の成長を支える大きな力になる可能性がある。

本研究では，青年期の心理的居場所感の意義について，基礎的研究に加え，その防御機能と促進機能の両側面から検討を行ってきた。この中で，単に物理的な居場所，あるいは，逃避や避難といった消極的選択としての居場所の保証ではなく，そこで感じる心理的居場所感に支えられながら，自己変容を促し，不安や葛藤を乗り越える力を育てることこそに意味があることが明らかとなった。本研究を通じて，「なぜ心理的居場所感が必要なのか」という問いに対し，それは青年の精神的健康を支えるだけでなく，自分自身の人生，自分が自分であることを受け入れ，困難な出来事に立ち向かうためのエネルギーへと変化していくものであるからだと結論づけることができる。

第４節　今後の課題と展望

本書では，青年期における心理的居場所感の構造と機能に関して，中学生から大学・専門学校生までの横断的な研究を行ってきた。とりわけ，対人関係における心理的居場所感として，重要な他者に対する心理的居場所感に特化し，詳細な検討を行った。ただし，ここで取り上げることのできた重要な他者は，対人関係の基盤である母親・父親・親友の三者であったが，より広い視点から考えれば，成長の過程において，人はこの他に様々な他者と出逢い，関係を築いていくものである。例えば，きょうだい，祖父母，教師，恋人，先輩や後輩などがそれにあたり，たとえ両親との関係が良好でなくとも，時にはこうした対象に対する心理的居場所感が支えとなって，母親・父親・親友といった重要な他者に対する心理的居場所感と同等の機能を果たす可能性も十分に考えられる。したがって，今後の課題として，個々の青年にとっての重要な他者を抽出し，青年を取り巻く多様な対人関係における心理的居場所感の意義を検討していくことも必要である。また，本研究では，青年期のみを対象とした検討を行ってきたが，児童期，青年期，成人期と人が発達する過程において，他者から与えられた受動的な居場所から，自ら作り出す能動的な居場所へと，居場所の質の転換が生じる可能性がある。したがって，個々の居場所をこうした長いライフスパンで捉え，その質の変容を検討していく必要もあると考えられる。

居場所研究はまだ歴史が浅く，今後ますますの発展と成果の蓄積が期待されている。自らの居場所を希求する人，あるいはそうした青年を援助しようとする人，そのすべてにとって，本書が何らかのきっかけになることを願いつつ，本稿を結ぶことにしたい。

引 用 文 献

American Psychological Association　2003　The *road to resilience*. Washington, D. C.

青木省三　1996　思春期こころのいる場所　岩波書店

青木省三　2005　僕のこころを病名で呼ばないで―思春期外来から見えるもの―　岩波書店

Benedikt, R., Wertheim, E. H., & Love, A.　1998　Eating attitudes and weight-loss attempts in female adolescents and their mothers. *Journal of Youth and Adolescence*, **27**, 43-57.

Birleson, P.　1981　The validity of depressive disorder in childhood and the development of a self-rating scale: A research report. *Journal of Psychology and Psychiatry*, **22**, 73-88.

Blos, P.　1962　*On adolescence: A psychoanalytic interpretation*. New York: Free Press.（野沢英司（訳）　1971　青年期の精神医学　誠信書房）

Bowlby, J.　1969　*Attachment and loss: Vol.1. Attachment*. London: The Hogarth Press.（黒田実郎・大羽　蓁・岡田洋子（訳）　1976　母子関係の理論Ⅰ　愛着行動　岩崎学術出版社）

Bowlby, J.　1988　*A secure base: Clinical applications of attachment theory*. London: Routledge（仁木　武（訳）　1993　母と子のアタッチメント―心の安全基地　医歯薬出版）

Buhrmester, D.　1996　Need fulfillment, interpersonal competence, and the developmental contexts of early adolescent friendship. In W. M. Bukowski, A. F. Newcomb, & W. W. Hartup（Eds.）, *The company they keep: Friendship in childhood and adolescence*. New York: Cambridge University Press. pp.158-185.

Cummings, E. M., Davies, P. T., Campbell, S. B.　2000　*Developmental psychopathology and family process-theory, research, and clinical implications*. The Guilford Press.（菅原ますみ（監訳）　2006　発達精神病理学―子どもの精神病理の発達と家族関係―　ミネルヴァ書房）

江口　研・水谷秀子・西田　朗・上松正幸・高井昭裕・若林慎一郎　1990　青年期うつ病の臨床像についての考察　日本心身医学会抄録，**30**，p.123.

榎本淳子　1999　青年期における友人との活動と友人に対する感情の発達的変化　教育心理学研究, **47**, 180-190.

Erikson, E. H.　1959　*Identity and the life cycle*. New York: International Universities Press.（小此木啓吾（訳編）　1973　自我同一性―アイデンティティとライフサイクル―　誠信書房）

Fey, W. F.　1955　Acceptance by others and its relationship to acceptance of self and others: A revalution. *Journal of Abnormal and Social Psychology*, **50**, 274-276.

藤田英典・伊藤茂樹・坂口里佳　1996　小・中学生の友人関係とアイデンティティに関する研究―全国9都県での質問紙調査の結果より―　東京大学大学院教育学研究科紀要, **36**, 105-127.

福島朋子　1992　思春期から成人にわたる心理的自立―自立尺度の作成及び発達的検討　発達研究, **8**, 67-87.

傳田健三　2002　子どものうつ病―見逃されてきた重大な疾患　金剛出版

傳田健三　2004　子どものうつ　心の叫び　講談社

傳田健三・賀古勇輝・佐々木幸哉・伊藤耕一・北川信樹・小山司　2004　小・中学生の抑うつ状態に関する調査―Birleson 自己記入式抑うつ評価尺度（DSRS-C）を用いて―　児童青年精神医学とその近接領域, **45**, 424-436.

Goldberg, D. P.　1978　*Manual of the general health questionnaire*（*GHQ-28*）. Windsor, Berkshire, UK: NFER-NELSON. Publishing Company.

萩原健次郎　1997　若者にとっての「居場所」の意味　日本社会教育学会紀要, **33**, 37-44.

萩原健次郎　2001　子ども・若者の居場所の条件　田中治彦（編）　子ども・若者の居場所の構想　学陽書房

Hammen, C.　1992　Cognitive, life stress, and interpersonal approaches to a developmental psychopathology model of depression. *Development and Psychopathology*, **4**, 189-206.

Hankin, B. L., & Abramson, L. Y.　2001　Development of gender differences in depression: an elaborated cognitive vulnerability-transactional stress theory. *Psychological Bulletin*, **127**, 773-796.

Harrington, R., Bredenkamp, D., Groothues, C., Rutter, M., Fudge, H., & Pickles, A.　1994　Adult outcomes of childhood and adolescent depression: Links with suicidal behaviours. *Journal of Child Psychology and Psychiatry and Allied Disci-*

plines, **35**, 1309-1319.

秦　彩子　2000 「心の居場所」と不登校の関連について　臨床教育心理学研究, **26**, 97-106.

Havigurst, R. J.　1943　*Human development and education*. Longmans: Green.（壮野雅子（訳）　1958　人間の発達課題と教育　牧書店）

平石賢二　1990　青年期における自己意識の構造—自己確立感と自己拡散感からみた心理学的健康　教育心理学研究, **38**, 320-329.

廣井いずみ　2000 「居場所」という視点からの非行事例理解　心理臨床学研究, **18**, 129-138.

久田邦明　2000　子どもと若者の居場所　萌文社

Hollingworth, L. S.　1928　*The psychology of adolescent*. New York: Appleton.

保坂 享　1998　児童期・思春期の発達　下山晴彦（編）　教育心理学Ⅱ：発達と臨床援助の心理学　東京大学出版会　pp.103-125.

池田幸恭　2006　青年期における母親に対する感謝の心理状態の分析　教育心理学研究, **54**, 487-497.

石川良子　2004 〈ひきこもり〉における「居場所」の二義性　アディクションと家族, **20**, 377-387.

石川信一・戸ヶ崎泰子・佐藤正二・佐藤容子　2006　児童青年に対する抑うつ予防プログラム—現状と課題—　教育心理学研究, **54**, 572-584.

伊藤正哉・小玉正博　2005　自分らしくある感覚（本来感）と自尊感情がwell-beingに及ぼす影響の検討　教育心理学研究, **53**, 74-85.

柏木恵子（編）　1993　父親の発達心理学　川島書店

川喜多二郎　1967　発想法　中公新書

川島美保　2004　慢性疾患とともに生きていく思春期の子どもの仮の居場所づくり　高知大学学術研究報告, **53**, 29-40.

北村琴美・無藤隆　2001　成人の娘の心理的適応と母娘関係—娘の結婚・出産というライフイベントに着目して—　発達心理学研究, **12**, 46-57.

北山　修　1993　日本語臨床の深層第3巻—自分と居場所—　岩崎学術出版社

Lewin, K.　1951　*Field theory in social science: Selected theoretical papers*. New York: Harper & Brothers.（猪俣佐登留（訳）　1956　社会科学における場の理論　誠信書房）

Lewinsohn, P., Hops, H., Roberts, R. E., Seeley, J. R., & Andrews, J. A.　1993　Adolescent psychopathology: I prevalence and incidence of depression and other

DSM-T-R disorder in high school students. *Journal of Abnormal Psychology*, **102**, 133-144.

前原武子　1980　達成傾向と親和傾向　琉球大学教育学部紀要第二部，**24**，233-242.

Masten, A. S., Best, K., & Garmezy, N.　1990　Resilience and development: Contributions from the study of children who overcame adversity. *Development and Psychopathology*, **2**, 425-444.

McClelland, D. C., J. W. Atkinson, R. A. Clark, and E. L. Lowell　1953　*The achievement motive*. New York: Appleton-Century-Crafts.

宮下敏恵・石川もよ子　2005　小学校・中学校における心の居場所に関する研究　上越教育大学研究紀要，**24**，783-801.

宮沢秀次　1988　女子中学生の自己受容性に関する縦断的研究　教育心理学研究，**36**，258-263.

文部科学省生涯学習政策局子どもの居場所づくり推進室　2004　子どもの居場所づくりキャンペーン　インターネット http://www.ibasyo.com/office/concept/index.html, 2004.9.25 access.

文部省中学校課　1992　登校拒否（不登校）問題について―児童生徒の「心の居場所」づくりを目指して―（学校不適応対策調査研究協力会議報告）　教育委員会月報，**44**，25-29.

三輪友希恵　2000　思春期女子の友人関係と母子関係の関連について―親密な関係における感情に注目して―　名古屋大学大学院教育発達科学研究科紀要，**47**，467-468.

村瀬嘉代子　1998　心理療法のかんどころ　金剛出版

村瀬嘉代子・重松正典・平田昌子・高堂なおみ・青山直英・小林敦子・伊藤直文　2000　居場所を見失った思春期・青年期の人びとへの統合的アプローチ―通所型中間施設のもつ治療・成長促進的要因　心理臨床学研究，**18**，221-232.

村瀬孝雄　1996　中学生の心とからだ　岩波書店

村田豊久・清水亜紀・森陽二郎・大島祥子　1996　学校における子どものうつ病―Birlsonの小児期うつ病スケールからの検討―　最新精神医学，**1**，131-138.

中川秦彬・大坊郁夫　1996　日本語版GHQ精神的健康調査票手引き　日本語GHQ短縮版：解説　日本文化科学社　pp.117-147.

National Health and Medical Research Council　1997　*Depression in young people: Clinical practice guidelines*. Canberra: Australian Government Publishing Service.

中島喜代子　2003　中学生と大学生の比較からみた子どもの「居場所」 三重大学教育学部研究紀要（人文・社会科学), 54, 125-136.
中村泰子　1998a　居場所イメージに関する検討―連想語の調査を通して―　日本心理学会第62回大会発表論文集, p.138.
中村泰子　1998b　居場所イメージの発達的変化―○△□法の基礎的研究として―　大阪市立大学生活科学部児童・家族相談所紀要, 15, 45-22.
中村泰子　1999「居場所がある」と「居場所がない」との比較―○△□法の基礎的研究として―　大阪市立大学生活科学部児童・家族相談所紀要, 16, 13-22.
中山貴美子・藤内修二・北山秋雄　1997　親子・友人関係が中学生の主観的健康に及ぼす影響―思春期の子供をもつ親へのアプローチに向けて―　小児保健研究, 56, 61-68.
二宮克美　1985　学校における青年　久世敏雄（編） 変貌する社会と青年の心理　福村出版　pp.157-182.
西田裕紀子　2000　成人女性の多様なライフスタイルと心理的 well-being に関する研究　教育心理学研究, 48, 433-443.
西平直喜　1990　成人になること―生育史心理学から―　東京大学出版会
野沢栄司　1981　思春期の心理と病理　弘文堂
則定百合子　2006a　思春期における心理的居場所感尺度作成の試み　神戸大学発達・臨床心理学研究, 5, 29-34.
則定百合子・上長然・齊藤誠一　2006b　思春期の孤独感・心理的居場所感と精神的健康　日本発達心理学会第17回大会発表論文集, p.638.
小花和W. 尚子　2004　幼児期のレジリエンス　ナカニシヤ出版
小畑豊美・伊藤義美　2001　青年期の心の居場所の研究―自由記述に表れた心の居場所の分類―　情報文化研究, 14, 59-73.
小畑豊美・伊藤義美　2003　中学生の心の居場所の研究―感情と行動及び意味からの考察　情報文化研究, 17, 155-167.
落合良行・佐藤有耕　1996a　親子関係の変化からみた心理的離乳への過程の分析　教育心理学研究, 44, 11-22.
落合良行・佐藤有耕　1996b　青年期における友達とのつきあい方の発達的変化
落合良行　1998　友人関係の広がり　落合良行（編） 中学三年生の心理　大日本図書　pp.130-157.
落合良行　2000　父子関係　久世敏雄・齋藤耕二（監修） 青年心理学事典　福村出版　p.247.

生越達美　1977　青年期研究における方法論的課題　田畑治・生越達美・池田博和・伊藤義美・間宮正幸　臨床青年心理学序説　名古屋大学教育学部紀要（教育心理学科），**24**，85-106.

大出美和子・澤田秀一　1988　自己受容に関する一研究―様相と関連要因をめぐって―　カウンセリング研究，**20**，128-137.

岡村季光　2004　青年期における“居場所”の意味　第35回自己意識研究会発表資料

沖田寛子　1997　不登校現象と子どもの「居場所」　山口大学文学会誌，**48**，17-35.

大久保智生・青柳　肇　2000　心理的居場所に関する研究―居場所感尺度作成の試み―　日本教育心理学会第42回総会発表論文集，p.161.

大久保智生・青柳　肇　2003　大学生用適応感尺度作成の試み―個人―環境の適合性の視点から―　パーソナリティ研究，**12**，38-39.

奥地圭子　1991「居場所」について「東京シューレ」の子どもたち（編）学校に行かないから学校に行かない君へ：登校拒否・私たちの選択　教育史料出版会　pp.197-198.

小野　泉　2006　心の居場所　忠井俊明・本間友巳（編）不登校・ひきこもりと居場所　ミネルヴァ書房　pp.159-190.

大野　久　1995　青年期の自己意識と行き方　落合良行・楠見　孝（編）講座生涯発達心理学4：自己への問い直し―青年期　金子書房　pp.89-123.

小塩真司・中谷素之・金子一史・長峰伸治　2002　カウンセリング研究，**35**，57-65.

小澤一仁　1998　青年の居場所から見たアイデンティティ　日本青年心理学会大会発表論文集第6回大会，pp.32-33.

小澤一仁　2000　居場所　久世敏雄・斉藤耕二（編）青年心理学事典　福村出版　p.285.

Ozawa,K.　2005　“Ibasho” gram for understanding of identity in adolescence. *The Academic Reports, The Faculty of Engineering, Tokyo Polytechnic University*, **28**, 49-56.

Radloff, L. S.　1977　The CES—D scale: A self-report depression scale for research in the general population. *Applied Psychological Measurement*, **1**, 385-401.

Reinherz, H.Z., Giaconia, R. M., Hauf, A. M., Wasserman, M. S., & Silverman, A. B.　1999　Major depression in the transition to adulthood: Risks and impairment. *Journal of Abnormal Psychology*, **108**, 500-510.

Rogers, C. R.　1942　*Counseling and psychotherapy: Newer concepts in practice.* Houghton Mifflin Company.（末武康弘・保坂　亨・諸富祥彦（訳）1942　カウ

ンセリングと心理療法　岩崎学術出版社）
Rousseau, J. J. 1762 *Emile ou de l'education.*（今野一雄（訳） 1963 エミール・中 岩波文庫）
斉藤 学 1996 アダルトチルドレンと家族 学陽書房
佐治守夫・岡村達也・加藤美智子・八巻甲一 1995 思春期の心理臨床 学校現場に学ぶ「居場所」つくり 日本評論社
酒井 厚 2005 対人的信頼感の発達 川島書店
酒井 厚・菅原ますみ・眞榮城和美・天羽幸子・詫摩武俊 2002 児童・思春期で経験するネガティブ・ライフイベンツ 子どもの抑うつ傾向の悪化を防ぐ親・きょうだいへの対人的信頼感 精神保健研究, **48**, 71-83.
酒井 厚・菅原ますみ・眞榮城和美・菅原健介・北村俊則 2002 中学生の親および親友との信頼関係と学校適応 教育心理学研究, **50**, 12-22.
佐藤和子・小森久美子・中村智子・仲村三枝子・中山和代・横地容子・大和義史・土井進 2001 親から私達に伝えられたもの，私達が子どもに伝えたもの―カウンセリングを学んで変わったこと― 信州大学教育学部付属教育実践総合センター紀要「教育実践研究」, **2**, 113-122.
島 悟・鹿野達男・北村俊則・浅井昌弘 1985 新しい抑うつ性自己評価尺度について 精神医学, **27**, 717-723.
新村 出（編） 1998 広辞苑第5版 岩波書店
下山晴彦 1998 教育心理学Ⅱ―発達と臨床援助の心理学― 東京大学出版会
白井利明 1997 若者に居場所はあるのか 大学進学研究, **108**, 54-59.
白井利明 1998 学生は居場所をどうとらえているか―自己受容とセルフ・エスティームとの関連― 日本青年心理学会第6回大会発表論文集, pp.4-35.
Spranger, E. 1924 *Psychologie des jugendalters.* Leipzig: Quelle & Meyer.（土井竹治（訳） 1937 青年の心理 刀江書院）
菅原ますみ・八木下暁子・詫摩紀子・小泉智恵・瀬地山葉矢・菅原健介・北村俊則 2002 夫婦関係と児童期の子どもの抑うつ傾向との関連―家族機能および両親の養育態度を媒会として― 教育心理学研究, **50**, 129-140.
杉本希映・庄司一子 2006 「居場所」の心理的機能の構造とその発達的変化 教育心理学研究, **54**, 289-299.
Sullivan, H. S. 1953 *The interpersonal theory of psychiatry.* New York: Norton.
住田正樹 2003 子どもたちの「居場所」と対人的世界 住田正樹・南博文（編） 子どもたちの「居場所」と対人的世界の現在 九州大学出版会 pp.3-17.

住田正樹・南　博文　2003　はしがき　住田正樹・南博文（編）　子どもたちの「居場所」と対人的世界の現在　九州大学出版会　pp. i－v.
忠井俊明・本間友巳　2006　不登校・ひきこもりと居場所　ミネルヴァ書房
田島彩子　2000　青年期のこころの居場所：居場所感覚と抑うつ感　日本心理臨床学会第19回大会発表論文集，p.258.
高木英明　1998　自分に気づく　落合良行（編）　中学1年生の心理　大日本図書　pp.70-97.
高比良美詠子　1998　対人・達成領域別ライフイベント尺度（大学生用）の作成と妥協性の検討　社会心理学研究，**14**，12-24.
竹森元彦　1999　心の発達における居場所の役割　鳴門教育大学研究紀要（教育科学編），**14**，127-135.
田中順子　2002a　思春期・青年期の「居場所」研究の現在―具体的状況・感情・心理的機能について―　上智大学臨床心理研究，**25**，193-198.
田中順子　2002b　思春期・青年期の「居場所」感情の内的構造　日本社会心理学会第42回大会発表論文集，p.640.
田中麻未　2006　パーソナリティ特性およびネガティブ・ライフイベンツが思春期の抑うつに及ぼす影響　パーソナリティ研究，**14**，149-160.
田中治彦　2001　関わりの場としての「居場所」の構想　田中治彦（編）　子ども・若者の居場所の構想　学陽書房
田中麻貴・田嶌誠一　2004　中学校における居場所に関する研究　九州大学心理学研究，**5**，219-222.
田中理絵　2003　居場所としての家族・仲間集団と子どもの対人関係　住田正樹・南博文（編）　子どもたちの「居場所」と対人的世界の現在　九州大学出版会　pp.203-228.
Tannenbaum, L., & Forehand, R.　1994　Maternal depressive mood: The role of the father in preventing adolescent problem behaviors. *Behavior Research & Therapy*, **32**, 321-325.
富永乾人・北山　修　2001　青年期の居場所：青年期の精神発達の観点から―子どもたちの「居場所」と対人的世界の現在　平成10年度～平成12年度科学研究費補助金基盤研究（A）(1)研究成果報告書，179-191.
富永乾人・北山　修　2003　青年期と「居場所」　住田正樹・南博文（編）　子どもたちの「居場所」と対人的世界の現在　九州大学出版会　pp.381-400.
牛島定信・福井敏　1980　対人関係からみた最近の青年の精神病理―前青年期ドルド

ラムと前エディプス的父親の創造　小此木啓吾（編）　青年期の精神病理2　弘文堂

Weissman, M. M., Wolk, S., Goldstein, R. B., Moreau, D., Adams, P., Greenwald, S., Kiler, C. M., Ryan, N. D., Dahl, R. E., & Wickramaratne, P. 1999 Depressed adolescents grown up. *Journal of the American Medical Association*, **281**, 1707-1713.

Winnicott, D.W. 1965 *The family and individual development*. Tavistoc Publication.（牛島定信（訳） 1984　子どもと家庭　誠信書房）

山中康裕　2001　たましいの窓―児童・思春期の臨床1―　岩崎学術出版社

矢野　泉　2006　アジア系マイノリティの子ども・若者の居場所づくり　横浜国立大学教育人間科学部紀要Ⅰ教育科学，8，261-273.

あとがき

本書は，2007（平成19）年度に神戸大学大学院総合人間科学研究科より博士（学術）を授与された学位論文「青年期における心理的居場所感の機能と構造に関する実証的研究」を加筆・修正し，独立行政法人日本学術振興会2015（平成27）年度科学研究費助成事業（科学研究費補助金）（研究成果公開促進費　学術図書　課題番号15HP5172）の交付を受けて刊行するものです。

学位論文の提出後，多くの居場所研究がなされ，新たな知見が生まれていますが，本書では時間的整合性を保つため，引用等は当時のままにし，できる限り学位論文の大枠を保するようにしています。

振り返れば，院生時代，居場所を自分の研究テーマにしようと思ったのは，あまりに些細な，ふとしたきっかけだったように思います。生きることは自分の居場所を探す旅のようなものなのではないか，そんな漠然としたイメージを抱き続けながらも，研究として１つの形にしていくのは非常に困難な作業でもありました。しかしながら，研究を進めるにつれ，かけがえのない居場所は，誰かの心の中にしかないのだと思うようになりました。どんなに馴染みのある場所であっても，そこに他者との関係性がなければ，それはただの無機質な空間でしかないのでしょう。ただ無条件に，そこにいることを許されること，自分はここにいていいのだと思えること。そんな心の居場所こそ，人が生きることを支えていくのではないかと思うのです。

そのような思いで紡いだ１つの居場所研究が，今こうして１冊の本となり，沢山の方の力と思いが集まれば，思いがけないことが起こるものだということを，感慨深い気持ちで振り返っています。

本書の執筆にあたり，数え切れないほどの温かい励ましと力を下さった方々に，この場を借りて，感謝の気持ちを記したいと思います。

まず，学位論文の主査であり，学部生時代からの指導教員でもある，齊藤誠一先生（神戸大学大学院）に，心より感謝申し上げます。齊藤先生には学生時代はもちろんのこと，本書の出版にあたっても，多忙なお時間を割いて相談に乗っていただき，貴重なご示唆を与えていただきました。めげそうになるたび，いつも前に進めるよう，そっと背中を押して下さったことに，心から感謝申し上げます。ありがとうございました。また，学位論文の副査にあたって下さいました，播磨俊子先生（元・福山市立大学），中村和夫先生（京都橘大学），伊藤　篤先生（神戸大学大学院），吉田圭吾先生（神戸大学大学院）に，深く御礼申し上げます。さらに，調査に快くご協力下さり，温かい励ましの言葉を下さった，澤田瑞也先生（海星女子学院大学），小石寛文先生（元・神戸学院大学）にも，心より感謝申し上げます。そして，3 年間，共に同じ研究室で過ごした上長　然氏（佐賀大学）には，言葉で書き尽くせないほどの心強い励ましとサポートをいただきました。同じ目標に向かって進む仲間がいることは，私の大きな支えでした。ありがとうございました。

また，何より，調査にご協力頂いた生徒・学生の皆様，そして関係者の皆様に深く感謝申し上げます。思えば，3000 人近くの方々が，貴重な時間を割いて私の研究に協力して下さったことを，感慨深い思いで振り返っています。データの向こうに，数え切れないほどの思いがあることを教えて下さった皆様に，心より感謝致します。ありがとうございました。

学位論文の提出後，数年が経ち，あれから数多くの新たな出逢いがありました。時には，何気ない会話や専門を越えた議論の中で刺激されたインスピレーションが，もう一度原点に立ち返って自らの研究と向き合うエネルギーになることもありました。研究を続けることを応援し，本書の完成を心待ちにしてくれている大切な友人にも，心から感謝の気持ちを伝えたいと思います。

また，本書の出版を快くお引き受け下さり，頼りない私にさりげなく温かなご支援をして下さった，風間書房の風間敬子社長に心より感謝申し上げます。風間社長のお力添えなくしては，本書の完成に至ることはできませんでした。また，同じく風間書房の斉藤宗親氏には，なかなか思うように作業の進まない私を温かく見守っていただき，細やかなやり取りとお心遣いで作業を後押ししていただきました。本当にありがとうございました。

最後になりましたが，これまで私を支えてくれた家族にも，ここに感謝の意を記したいと思います。

本書を完成させるまでの道のりは，自分がどれほど多くの人に支えられているかを実感する日々でした。本当にありがとうございました。

2016年1月

則定百合子

著者略歴

則 定 百 合 子（のりさだ　ゆりこ）

博士（学術），臨床心理士，学校心理士
2008 年　神戸大学大学院総合人間科学研究科博士課程後期課程修了
2008 年　武庫川女子大学発達支援学術研究センター博士研究員
2010 年　和歌山大学教育学部講師
2011 年　和歌山大学教育学部准教授（現在に至る）

青年期における心理的居場所感の構造と機能に関する研究

2016年 2 月15日　初版第 1 刷発行

著　者　則 定 百 合 子
発行者　風　間　敬　子
発行所　株式会社 風　間　書　房
〒101-0051　東京都千代田区神田神保町1-34
電話 03(3291)5729　FAX 03(3291)5757
振替 00110-5-1853

印刷　藤原印刷　　製本　高地製本所

NDC 分類：140

ISBN978-4-7599-2107-6　　Printed in Japan